Adélaïde Hautval

Medizin gegen die Menschlichkeit

Herausgegeben von Florence Hervé und
Hermann Unterhinninghofen

Einführung und Nachwort von Anise Postel-Vinay
Übersetzung: Hermann Unterhinninghofen

Adélaïde Hautval

Medizin gegen die Menschlichkeit

Die Weigerung einer nach Auschwitz deportierten Ärztin, an medizinischen Experimenten teilzunehmen

Karl Dietz Verlag Berlin

Originaltitel:
Dr. Adélaïde Hautval: Médecine et crimes contre L'humanité.
Le refus d'un médecin déporté à Auschwitz, de participer aux expériences médicales.
Présentation et postface de Anise Postel-Vinary.

Übersetzer: Hermann Unterhinninghofen

Wir danken folgenden Personen bzw. Verlagen für die Genehmigung zum Abdruck der Zeugenberichte im Anhang:
BDCI – Bibliothèque de Documentation Internationale Contemporaine (für Anne Fernier)
Verlag Nicolai Berlin (Dunya Breur)
Éditions du Minuit (für Charlotte Delbo)
Fischer Taschenbuchverlag (für Erna Lugebiel)
Hamburger Institut für Sozialforschung (für Dorota Lorska)
Lise Leider (für Briefe ihrer Mutter Geneviève Leider)

ISBN 978-3-320-02154-2
2., überarbeitete und ergänzte Auflage 2024

Satz: Jörn Schütrumpf
Umschlag: Andreas Homann
Druck und Verarbeitung: Standart Impressa, Vilius
Printed in Lithuania

Inhalt

Florence Hervé, Hermann Unterhinninghofen: **»Die menschliche Würde bewahren«**

Adélaïde Hautval war keine Widerstandskämpferin im üblichen Sinne und sah sich nicht als Heldin. Sie war in keiner Résistance-Gruppe organisiert und stand nicht an der Spitze einer Bewegung, war weder im Kurier- noch im Verbindungsdienst tätig. Sie hat keinem Menschen zur Flucht verholfen oder Gefangene befreit, keine Sabotage gegen die Besatzer verübt und war nicht im bewaffneten Kampf. Und doch ist sie eine der bemerkenswerten und aufrechten Frauen der französischen Résistance.

Adélaïde Hautval, die elsässische Ärztin aus dem Vogesendorf Le Hohwald, hat sich dem Antisemitismus und Rassismus des französischen Vichy-Regimes nicht angepasst. So protestierte sie gegen die Diskriminierung von jüdischen Bürgern und Bürgerinnen und zeigte da Zivilcourage, wo die meisten schwiegen.

Im Konzentrationslager hat sie sich als Häftling und Ärztin mehrmals den Befehlen der SS verweigert. Und sie hat versucht, unter den furchtbaren Bedingungen von Auschwitz und Ravensbrück, »die menschliche Würde zu bewahren« und solidarisch zu handeln. Nach der Befreiung Ende April 1945 blieb sie mit anderen mutigen Frauen und Ärztinnen im KZ Ravensbrück, um die Nicht-Transportfähigen und Kranken zu versorgen, Essen und Wasser, sogar kulturelle Aktivitäten zu organisieren, und rettete so manches Leben.[1]

Sie hatte »das Privileg«, so schrieb sie, die Befreiung, »den Übergang von der Nacht zum Licht« zu erleben. Eine Verpflichtung für sie.

Im Dezember 1945 erhielt sie den Orden der Ehrenlegion für ihr couragiertes Engagement und ihren aufopferungsvollen Einsatz für ihre Kameradinnen in den Lagern Auschwitz und Ravensbrück.

Sie ist Zeugin im Nürnberger Ärzteprozess oder im Prozess gegen die NS-Ärzte Professor Carl Clauberg und Dr. Horst Schumann und 1964 in London im Dering-Prozess. Sie trug zur Aufklärung von Naziverbrechen bei, auch durch ihre Mitarbeit an einem Buch über die Gaskammern.[2]

1 Unter diesen Häftlingen sind die Polin Dr. Ludwika Tarkowska, die Tschechin Dr. Zdènka Nedvedová und die Russin Dr. Antonina Nikiforowa, alle Ärztinnen. Andere Häftlinge bleiben, um als Pflegerinnen für die Kranken da zu sein: die Ukrainerin Nadja Ponomarenko, Marie-Claude Vaillant-Couturier und Geneviève Leider, Aat Breur und die Polin Zosia Grzezólka, und Erna Lugebiel als Stubenälteste.

2 Eugen Kogon, Hermann Langbein, Adalbert Rückerl: Nationalsozialistische Massentötungen durch Giftgas, Frankfurt am Main 1986.

1961 protestierte sie gegen den französischen Kolonialismus und die Folter in Algerien. Nach der blutigen Repression einer friedlichen Demonstration von Algeriern durch die Polizei in Paris erinnerte sie in einem Artikel an die Gräueltaten der Nazis: »Wer hätte je gedacht, dass kurze Zeit danach die Prinzipien der Achtung der Menschenrechte wieder infrage gestellt sein würden, sogar in unserem Land? … Das Übel kam von weit her … Eine Folge von Kompromissen, von Ängsten, von Heucheleien, von stillschweigenden Mittäterschaften, von Verletzung der Schutzrechte von Schwachen hatte solche Ungeheuerlichkeiten möglich gemacht …«[3]

In Israel wurde Hautval 1965 mit der »Medaille der Gerechten« geehrt. Als israelische Soldaten 1982 während des Libanonkonflikts tatenlos dem Massaker an Palästinensern im Lager Sabra und Schatila zusahen, gab sie die Auszeichnung aus Empörung zurück. Ihr wurden ein Gedenkstein und ein Baum in der Gedenkstätte Yad Vashem gewidmet.

In den 1980er-Jahren erlebte Adélaïde Hautval schmerzhaft die Versuche einer Revision der Geschichte, die Verharmlosung und das Verdrängen der Naziverbrechen: Dass es in Frankreich Menschen gab, die die Existenz von Gaskammern negierten, machte ihr Sorgen. Sie empand dies als Beleidigung für die ehemaligen Gefangenen. Daraufhin entschloss sie sich, ihre 1945 aufgeschriebenen Notizen aus dem KZ ihren Kameradinnen zu übergeben, die sie nach ihrem Freitod 1991 unter dem Titel »Medizin und Verbrechen gegen die Menschlichkeit« veröffentlichten.

Ein Bericht über Auschwitz und Ravensbrück

Hautval schreibt in ihrem Bericht nicht nur über den Alltag der Deportation in den Konzentrationslagern Auschwitz und Ravensbrück sowie über die medizinischen Menschenversuche und über die kriminellen Ärzte. Sie stellt darin auch interessante Überlegungen zu philosophischen Themen der Ethik und Medizin, der menschlichen Werte, der moralischen Entscheidungen und der Eigenverantwortlichkeit in Extremsituationen an und greift die Schuld- und Verantwortungsdebatte auf. Es zeigt, dass es – auch wenn äußerst schwierig – unter menschenunwürdigen Bedingungen möglich war und ist, »Würde zu bewahren und man selbst zu bleiben«, Nein zu sagen, sich nicht zu fügen und den aufrechten Gang zu gehen.

3 In: l'Ami du Foyer, Octobre 1961.

Der Bericht der Ärztin Hautval ist sachlich, fast ohne Gefühlsregungen und wie aus der Distanz einer Beobachterin und Nicht-Beteiligten heraus geschrieben – doch ahnt man zwischen den Zeilen und in einigen nachdenklichen Passagen das Leiden der Autorin, die quälenden Gewissensfragen, ob sie das Richtige tut oder nicht und ob es den konkreten Menschen hilft oder nicht.

Es geht um die Qual von Entscheidungen: Zum Beispiel ob es in Extremsituationen mehr nützt zu verweigern oder Kompromisse zu schließen, Unruhe zu stiften oder zu schweigen. »Diplomatie ist nicht meine Stärke«, schreibt sie. Manchmal zögert sie, weiß keine Antwort oder wirft sich vor, anderen die Qual einer befohlenen Aufgabe zu überlassen. Als jüdische Frauen zur Vergasung gebracht werden und Krankenschwestern aus dem Revier deren Flucht verhindern sollen, empören sich einige Ärztinnen über das Mitmachen – doch blieben sie passiv. Hautval fragt sich, was passiert wäre, wenn man versucht hätte zu intervenieren: »Eine unnütze Geste? Vielleicht, aber es ist nicht sicher. Oft braucht es nur so wenig, um den Gang der Ereignisse zu ändern; eine einfache Geste kann andere nach sich ziehen. Aber keine von uns hat solch ein Zeichen gesetzt.«[4]

Im August 1944 wird sie nach Ravensbrück überstellt, wo sie im Krankenrevier das Leben von Gefangenen retten kann. Als die Selektionen im März 1945 immer schneller durchgeführt werden, ist die Ärztin wegen ihrer eigenen Ohnmacht verzweifelt, und stellt schmerzhaft fest: »Wir sind absolut unfähig, diesen Schrecken aufzuhalten«.[5]

Im März/April 1945, angesichts der bevorstehenden Evakuierung, stellt sich für die im KZ überlebenden Ärztinnen die Frage, ob sie die Kranken mitnehmen oder ob sie bei den Schwerkranken bleiben sollen – es wurde angenommen, das Lager sei vermint und würde vor der Räumung angezündet. Hautval schreibt in ihren Notizen: »Was ist wirklich unsere Pflicht? Kann man im Namen einer Aufgabe, die man für nützlicher, unmittelbarer hält, sich der Pflichten entledigen, die einem die traditionelle Berufsehre auferlegt? Sind sie ein eitler Vorwand, oder beruhen sie wirklich auf einer Moral, die zwar brauchbar, aber auch nutzbringender ist? Darf man mit Blick auf ein fernes Ziel, das man anstrebt, schlicht menschliche Überlegungen unterlaufen?«[6] Hautval entscheidet sich für menschliches Handeln und bleibt.

4 Ebenda, S. 42.
5 Ebenda, S. 56.
6 Ebenda, S. 51.

Der Bericht enthält schließlich Beobachtungen über Deutschland während des Faschismus und unmittelbar nach der Befreiung sowie über die Gefahr des Wiederauflebens des Nationalsozialismus. In den Monaten vor der Rückführung nach Frankreich erlebt Hautval mit Entsetzen, wie Deutsche erklären, sie hätten von alledem nichts gewusst: »Eine ganze Nation, die nur aus Nichtverantwortlichen zu bestehen scheint, angefangen bei denen, die man für das Gewissen eines Volkes hält.«[7] Sie stellt vierzig Jahre später fest, wie schwierig es ist, »der täglichen Vergiftung durch Parolen zu widerstehen, vor allem wenn sie von der Regierung, der höchsten Autorität, ausgehen«. Und auch »wie lebendig die Nazi-Ideologie bleibt, bei uns und anderswo, und dass sie nur auf eine Gelegenheit wartet, groß herauszukommen und die Macht zu ergreifen.«[8]

Dieser authentische Bericht erscheint erstmalig in deutscher Sprache[9] – und ergänzt nicht nur die bisherigen Veröffentlichungen zu dem Thema. Angesichts der immer noch stattfindenden Leugnung bzw. Verharmlosung von Naziverbrechen und Experimenten von SS-Ärzten an Konzentrationslager-Häftlingen ist er von großer Aktualität. Ebenfalls in Anbetracht der immer noch praktizierten Ehrungen für ehemalige NS-Mediziner.

Medizin ohne Menschlichkeit

Was hat A. Hautval bewogen, gegen ehemalige KZ-Ärzte als Zeugin auszusagen? Es waren wohl zwei Beweggründe.

Einmal die anhaltende Empörung, Abscheu, Ablehnung über das gewissenlose Verhalten mancher SS-Ärzte, Forscher und ihre Auftraggeber, die entgegen dem hippokratischen Eid Menschen nicht geholfen und geheilt, sondern zu Versuchsobjekten degradiert, gequält, verletzt, lebenslanges Leiden verursacht oder sie getötet haben, die »Sonderbehandlung« sagten, wenn sie töten meinten. Sie erlebte Auschwitz als Mordfabrik und als ein von SS, Universitäten und Pharmaindustrie genutztes »Forschungsparadies«: Die NS-Machthaber boten ihnen etwas Unerhörtes: statt Meerschweinchen konnten sie massenhaft Menschen zu Versuchszwecken nutzen (Ernst Klee). So z. B. Clauberg, dessen Sterilisationsversuche den rassistischen Versklavungs- und Ausrottungsplänen gegen Juden und slawische Völker dienten. A. Hautval musste mit ansehen, dass ihre Standes-

7 Ebenda, S. 63.

8 Ebenda, S. 65.

9 Der Bericht wurde um einige Zwischenüberschriften und Anmerkungen, die Bibliographie um einzelne Titel ergänzt: zu Kurzbiographien von erwähnten Personen siehe Anhang.

kollegen keinen Abwehrmechanismus gegen die verbrecherischen Verlockungen der Nazis entwickelt, sondern manche diese aktiv befördert haben.

Zum anderen die lange Zeit das Verhalten auch der Ärzteschaft dominierende »Unfähigkeit zu trauern«, wie Alexander Mitscherlich das kollektive Verschweigen, Wegschauen, Vergessen, Verdrängen, Entschuldigen schwerster Menschenrechtsverletzungen in der NS-Zeit beschrieb – auch durch Angehörige der Berufsgruppe, denen man das als Letzte zugetraut hatte, wie ein Richter im Ärzteprozess sagte. Hatte sich die Ärztekammer 1946/47 noch klar von verbrecherischen Methoden und Ärzten distanziert, so verschwieg sie konsequent den von ihr selbst in Auftrag gegebenen Bericht über den Nürnberger Ärzteprozess und begleitete die beginnende Rehabilitierung und den gesellschaftlichen Wiederaufstieg auch schwerbelasteter Angehöriger der ehemaligen Elite. Die Pharmaunternehmen blieben praktisch unbehelligt und versuchen z.T. bis heute, ihre Beteiligung von Menschenversuchen in KZ zu unterdrücken. Mehr und mehr Mediziner kamen wieder in Amt und Würden, komplizenhaftes Augenzwinkern ermöglichte z. B. dem »Euthanasie«-Professor Heyde eine zweite Karriere unter falschem Namen.

Die Aussagen von A. Hautval dienten der Aufklärung und dem Lernen aus der Geschichte und waren gegen wohlfeile Rechtfertigungen (»die Versuche dienten dem Überleben des Volkes«, »man konnte nichts machen «) und die hartnäckige Nicht-Auseinandersetzung mit der Vergangenheit, gegen die laue Haltung der Ärzteverbände gerichtet. Sie tat dies mit viel Herz und Verstand, wenn auch ohne Illusionen, wie aus ihrem Artikel über das Verfahren gegen Clauberg hervorgeht. Immerhin hat sie noch miterleben können, wie sich in den 1970er-Jahren das Schweigekartell lockerte und eine kritische Auseinandersetzung mit den NS-Medizinverbrechen einsetzte.

Stimmen über Adélaïde Hautval

Die Bescheidenheit und das Sich-Zurücknehmen von Adélaïde Hautval haben vielleicht dazu geführt, dass sie relativ spät »wahrgenommen« wurde. Erst nach ihrem Tod und nach dem Erscheinen ihres Buchs wurden Stimmen über die aufrechte Ärztin laut.

Ihre Kameradinnen der Deportation in Auschwitz und Ravensbrück wie Aat Breur, Geneviève Leider, Erna Lugebiel, Anne Fernier, Anise Postel-

Vinay schrieben über sie in Artikeln oder in ihren Memoiren. Sie wurde »die tapfere Ärztin«, der »weiße Engel von Auschwitz« genannt, von den »Asozialen«, denen sie medizinisch half, als Heilige bezeichnet.

»Unsere tapfere Kameradin«, schrieb die Ethnologin und Widerstandskämpferin Germaine Tillion. Georgia Peet-Taneva erinnert sich an eine »sehr lebendige Französin«, die sich um die Einzelnen kümmerte: »Sie hat sich immer Respekt geschaffen ... Das war eine richtige Ärztin, sofort bereit zu helfen.«[10]

Marie-Jo Chombart de Lauwe, die selbst 1943 nach Ravensbrück deportiert wurde und Ende 1944 im »Kinderzimmer« des KZ-Reviers arbeitete, heute Ehrenvorsitzende der Stiftung Erinnerung an die Deportation, hebt hervor, dass sich Hautval an den Sterilisationen von Sinti- und Romakindern nicht beteiligt hat.

Im Londoner Dering-Prozess – der an den Experimenten in Auschwitz beteiligte polnische Arzt Władysław Alexander Dering, hatte den »Exodus«-Autor Leon Uris wegen Verleumdung verklagt – bezeugte A. Hautval 1964: Selbst in Auschwitz sei es möglich gewesen, sich inhumanen Anordnungen der Nationalsozialisten zu widersetzen. Der Richter Lawton lobte sie als eine »der beeindruckendsten und mutigsten Frauen, die je vor einem Gericht dieses Landes ausgesagt haben«. Uris erklärte: »Hätten wir mehr Freunde wie Dr. Hautval gehabt, hätte es eine Nazi-Ära niemals geben können.«[11]

Die Schriftsteller Claude Bernadac und Vladimir Pozner sowie der Journalist Eric Silver widmen ihr ganze Kapitel in ihren Büchern – Letzterer würdigt sie als eine dieser »stillen Helden«, die ihr Leben aufs Spiel setzten, um Juden vor den Nazis zu retten.[12]

Der österreichische Antifaschist und Auschwitz-Deportierte Hermann Langbein bezeichnet sie in seinem Buch als eine der Ärztinnen, »die sich Anordnungen der SS widersetzt hatten, um ihrer beschworenen Pflicht selbst in nationalsozialistischen Konzentrationslagern nachzukommen ..., die sich in Auschwitz offen geweigert hat, an pseudomedizinischen Versuchen der SS mitzuwirken«.[13]

10 Gespräch mit der Herausgeberin in Berlin am 24.11.2004.

11 Zit. in: Eric Silver: Sie waren stille Helden, München/Wien 1994, S. 104.

12 Claude Bernadac: Les mannequins nus – Auschwitz, Paris 1972; Vladimir Pozner, Descente aux enfers. Récits de déportés et de SS d'Auschwitz, Paris 1980 (dt.: Abstieg in die Hölle – Zeugnisse über Auschwitz, Berlin 1982); Eric Silver: The Book of the Just, London 1992 (dt.: Sie waren stille Helden, S. 99 ff.)

13 Hermann Langbein: ... nicht wie die Schafe zur Schlachtbank. Widerstand in den nationalsozialistischen Konzentrationslagern. Fischer Taschenbuch, Frankfurt am Main 1980, S. 178.

Nach dem Tod von Adélaïde Hautval 1988 schrieb Moshe Bejski, Richter am Obersten Gerichtshof Israels, in seinem Beileidsbrief, sie sei eine der »bemerkenswertesten Persönlichkeiten der Menschheit«.[14]

Die Menschenrechtspädagogin Lucienne Schmitt, Initiatorin des Internationalen Menschenrechtszentrums Sélestat, Gustav-Heinemann-Bürgerpreisträgerin 2004, würdigte Adélaïde Hautval als »ein Beispiel der inneren Freiheit unter den schlimmsten Bedingungen«.

Und die Grande Dame der Résistance Marie-Claude Vaillant-Couturier schrieb rückblickend, 60 Jahre nach der Befreiung: Sie sei in den KZs aufrechten und solidarischen Menschen begegnet, »das Beste in der Menschheit«. Dabei nennt sie Adélaïde Hautval: »Die Geschichte dieser Frau zeigt die Bedeutung der Verweigerung.«[15]

Adélaïde Hautval

Um das Vermächtnis der aufrechten Menschenrechtsärztin zu wahren, gab es bereits in den 1990er-Jahren mehrere Initiativen. So die Einweihung eines Brunnens in Le Howald, dem Geburtsort der Ärztin, durch den Bürgermeister Gérard Hazemann. So auch die Umbenennung einer Straße in Straßburg in Rue Adélaïde Hautval 1993, in Erinnerung an eine Elsässerin, eine Europäerin, die um die Menschenwürde stets bemüht war« (Catherine Traut

14 Brief vom 30.10.1998 an die Familie und die Freunde in Groslay.

15 Marie-Claude Vaillant-Couturier: Résistante, déportée, première secrétaire générale de la FDIF, in: Clara-magazine N°34 juin 1995.

mann). Die damalige Straßburger Bürgermeisterin und spätere Europa-Abgeordnete sprach von einer Verpflichtung des Gedenkens angesichts einer rechtsextremistischen Versuchung in Europa. Eine Erinnerungstafel stehe symbolisch für den Kampf gegen Revisionismus, gegen die Verharmlosung der Naziverbrechen und gegen Ausgrenzung. Erinnern für die Zukunft.

Der vorliegende Bericht von Adélaïde Hautval erschien 2008 erstmalig in deutscher Sprache. Nun erscheint er 2024 in zweiter Auflage, überarbeitet, aktualisiert und ergänzt durch zwei wieder entdeckte Texte von Adélaïde Hautval aus dem Jahr 1946.

Er versteht sich weiterhin als Beitrag gegen Revisionismus, Rassismus und Antisemitismus, aber auch als Beispiel für gegenseitige Hilfe und Solidarität in Zeiten schlimmster Unterdrückung und Erniedrigung.

Adélaïde Hautval in Yad Vashem, 17. April 1966.

Anise Postel-Vinay

Doktor Adélaïde Hautval (1906–1988)

Adélaïde Hautval stammt aus dem Elsass. In der Zeit, als Frankreich und ganz Europa unter dem nationalsozialistischem Regime litten, bot sie den deutschen Behörden die Stirn, indem sie bekräftigte, dass die »Juden Menschen wie die anderen sind«. 1942 tat sie dies unter Gefahr für ihre Freiheit, 1943, im Konzentrationslager Auschwitz, unter Lebensgefahr.

Sie war im April 1942 verhaftet worden, als sie versuchte, heimlich die Demarkationslinie zu überqueren (die damals das unbesetzte vom – von Nazi-Deutschland – besetzten Frankreich trennte), um ihre Mutter am Krankenbett zu besuchen. Auf dem Bahnsteig in Bourges misshandelten die Deutschen eine jüdische Familie. Dr. Hautval mischte sich ein und sagte ruhig auf Deutsch: »Lassen Sie sie doch in Ruhe!« – »Aber sehen Sie denn nicht, dass es nur Juden sind?«, erwiderte der Deutsche – »Ja und, sie sind doch Menschen wie die anderen. Lassen Sie sie zufrieden.«

Sie wurde ins Gefängnis von Bourges gebracht. Kollegen setzten sich für sie ein. Einige Wochen später wurde sie nach einem »Zwischenfall«, den sie zu Beginn ihres Berichtes erzählt, zu einem Verhör geholt. »Widerrufen Sie, was Sie bezüglich der Juden gesagt haben, und Sie sind frei.« – »Aber wie könnte ich etwas anderes sagen? Die Juden sind doch sehr wohl Menschen wie die anderen.« – »Also, Sie verteidigen sie? Dann werden Sie auch ihr Schicksal teilen!«

Dr. Hautval wurde des Delikts »Juden-Freundin« beschuldigt und kam zunächst in die Internierungslager für jüdische Familien in Pithiviers und Beaune-la-Rolande.[1] Sie war Lagerärztin und wurde hilflos Zeugin herzzerreißender Szenen. Sechs Monate später wurde sie nach Auschwitz deportiert, und zwar nicht über Drancy[2] mit den Juden, sondern über Romainville mit dem Transport vom 24. Januar 1943 zusammen mit 230 Frauen, die meisten von ihnen »Politische«.

Zweieinhalb Monate nach ihrer Ankunft sind bereits 160 von ihnen tot. Adélaïde Hautval leidet unter schlimmen Geschwüren an den Beinen. Sie wird als Ärztin in den Menschenversuchs-Block verpflichtet. Nach besten Kräften pflegt sie die unglücklichen Opfer, doch dann erhält sie den Befehl,

1 Ca. 80 km von Paris und 50 km von Orléans gelegen.

2 Im Lager Drancy bei Paris, dem »Vorhof des Todes«, wurden die Juden Frankreichs zusammengetrieben und dann deportiert.

den SS-Ärzten direkt zu helfen. Sie weigert sich. Bald darauf wird sie zum SS-Chefarzt zitiert. Sie bekräftigte ihm gegenüber ihre Überzeugungen, wird in ihren Block zurückgeschickt und erwartet, dass sie umgehend getötet wird. Als der Tötungsbefehl kommt, wird sie von einer Kameradin versteckt, einer deutschen »Politischen«, die Kapo[3] der Krankenstation ist.

Adélaïde Hautval, von ihren Kameradinnen »Haïdi« genannt, die streng und manchmal sehr hart sein konnte, verkörperte die Unbeugsamkeit und die menschliche Würde in dieser Zeit der Hoffnungslosigkeit. Alle Mithäftlinge – Griechinnen, Deutsche, Österreicherinnen, Französinnen, Belgierinnen, Holländerinnen, Tschechinnen, Polinnen, Jugoslawinnen oder sowjetische Frauen – haben hohen Respekt und Bewunderung für sie bewahrt.

Haïdi Hautval wurde 1906 in Hohwald im Elsass, das zu dieser Zeit von den Deutschen annektiert war, als jüngstes von sieben Kindern des Pastors Haas-Hautval geboren. Sie war ein fröhlicher und entschlossener Mensch. Die Grundschule absolvierte sie in deutscher, das sich anschließende Gymnasium von Guebwiller in französischer Sprache (Guebwiller gehörte seit 1918 wieder zu Frankreich). Sie studierte Medizin in Straßburg und arbeitete als Assistentin des Psychiatrieprofessors Pfersdorf im dortigen Krankenhaus. 1933 schrieb sie ihre Doktorarbeit (»Beitrag zur Lokalisierung posttraumatischer psychischer Störungen«).

Als Ärztin arbeitete sie in verschiedenen Krankenhäusern für Erwachsene und für Kinder in Hohwald, Straßburg, Küsnacht bei Zürich und schließlich in Lannemezan (in den Pyrenäen).

Nach ihrer Befreiung aus dem Konzentrationslager arbeitete Dr. Hautval als Schulärztin in Besançon und in Groslay, nördlich von Paris.

Als sie gebeten wird, über ihre Erfahrungen im KZ zu berichten, verweigert sie sich nicht. Sie legte in verschiedenen Veröffentlichungen Zeugnis ab, vor allem in Büchern und Zeitschriften der Deportierten oder bei den Ärzteprozessen. Sie engagiert sich für ihre ehemaligen Kameradinnen, bleibt selbst aber stets im Hintergrund.

Nachdem eine alte Freundin gestorben war, mit der sie lange zusammengelebt und die sie über Jahre gepflegt hatte, entschloss sich Dr. Hautval, ihrem Leben ein Ende zu setzen. Sie bereitete sich lange und gründlich da-

3 Kapo = in der Lagersprache Häftling, der für einen Block oder die Krankenstation gegenüber der SS-Lagerverwaltung verantwortlich ist (Abkürzung von »Kameradenpolizei« oder italienisch »capo« = Chef, Vorarbeiter)

rauf vor. Und als sie alles in Ordnung gebracht hatte, überschritt sie ruhig und aus freien Stücken die letzte Schwelle.

Auf Bitten ihrer deportierten Kameradinnen hatte Adélaïde Hautval eingewilligt, ihre Notizen über die Deportation zu veröffentlichen, die sie vor 41 Jahren niedergeschrieben hatte und die in der Rohfassung geblieben waren. Sie strich einige Absätze, wir wissen nicht welche. Warum hat sie sie wohl so lange unter Verschluss gehalten? War es der Wunsch, ein für alle Mal die Verirrungen der Menschheit zu begraben, auf dass man sie nie mehr wiedersehen würde? War es ihr psychisch unmöglich, das Unsagbare ihren Nächsten weiterzugeben?

Dr. Hautval war eine zurückhaltende Frau. Sie hat über das Manuskript mit niemandem gesprochen. Aber verschiedene, sehr schwerwiegende Ereignisse der Nachkriegszeit könnten sie zu dem Entschluss gebracht haben, ihr Schweigen zu brechen. Da war die Milde der deutschen Gerichte gegen verbrecherische Ärzte, da waren Entwicklungen in der Wissenschaft und in der Medizin, in denen man, wie sie 1972 schrieb, »in verschleierter Gestalt den Nazi-Übermenschen wieder traf, der niemandem Rechenschaft schuldig ist und der sich als der Herr über alles empfindet – noch vor Gott ... Werden wir eines Tages von ›Friedens-Verbrechern‹ sprechen müssen?« Schließlich gab es in den 1980er-Jahren eine Kampagne mit dem Ziel, die Massenvernichtung in den Konzentrationslagern zu leugnen, und das erfüllte sie mit Angst. Konnte man die Wahrheit auslöschen? Sie arbeitete daraufhin aktiv an dem Dokumentationsband »Nationalsozialistische Massentötungen durch Giftgas« (von Eugen Kogon, Hermann Langbein, Adalbert Rückerl, Frankfurt/M. 1983) mit. Und in diesem Zusammenhang übergab sie ihre persönlichen Notizen ihren Kameradinnen zum Zweck der Archivierung oder Veröffentlichung.

Adélaïde Hautval
Medizin und Verbrechen gegen die Menschlichkeit

Die Nase der Kleopatra, wäre sie kürzer gewesen, die Weltgeschichte hätte einen ganz anderen Verlauf genommen.
Blaise Pascal, Gedanken

Dieser unsagbare Schrecken hätte vermieden werden können. Wenn einfach die organisiserte Missachtung des Menschlichen und der Größenwahn sich einer »zivilisierten« Welt gegenüber gesehen hätte, klarsichtig, mutig und entschlossen, die höchsten Werte zu verteidigen. Es sind nicht die Armeen, selbst die besten der Welt, die die eigentlichen Kämpfe gewinnen.

Die Vorzeichen kommen immer von sehr weit her. Als Einziger protestierte Kaiser Haile Selassie bei den anderen Mitgliedern des Völkerbundes gegen den Angriff Mussolinis auf Äthiopien. Er schloss: »Am Ende werden Sie alle Äthiopier sein!« Die großen Nationen lachten ihm ins Gesicht. Aber sie waren bereits von der Angst gepackt.

Die Verhältnisse haben es mit sich gebracht, dass ich aus nächster Nähe die jüdische Tragödie verfolgt habe, zu einer Zeit, als ich mich noch in Frankreich befand. Das war im Juni 1942. Ich war damals im Gefängnis von Bourges inhaftiert und wurde dort Zeugin der ersten Razzien auf Juden. Dabei gab es einen Zwischenfall: Eine Jüdin war in unsere Zelle gesteckt worden. Ich bemerkte den auf ihre Jacke genähten gelben Stern.

Aus Protest und um die Aufmerksamkeit der Gestapo zu erreichen, machte ich mir einen Stern aus Papier. Darüber gab es dann eine »Unterhaltung«, die der Gestapomann mit folgenden Worten schloss: »Von dem Moment an, wo Sie Juden verteidigen, werden Sie auch deren Schicksal teilen.«

Später habe ich »La Marche à l'étoile« von Vercors gelesen.[1] Das ist genau der Punkt. Erlaubt zu haben, dass so etwas passiert, wird für Frankreich, wird für die Welt ein nicht auslöschbarer Schandfleck bleiben: zu akzeptieren, dass man angesichts brutaler Gewalt seine Fäuste in den Taschen lässt. Wohin soll das führen?

Entsprechend der Ankündigung der Gestapo werde ich in Juden-Lager verlegt. Das erste ist Pithiviers. Es wird von französischen Gendarmen und Zöllnern bewacht.

1 Editions de Minuit, 1943; deutsch: Der Stern der Verheißung, Aufbau-Verlag, Berlin 1981.

Lager Pithiviers

Bereits einen Tag nach meiner Ankunft gibt es den ersten Abtransport. Zuerst die Männer. Sie stellen sich auf einem großen Platz im Innern des Lagers auf. Dann packen Frauen unter Tränen ihre Sachen und gehen ebenfalls.

Es gibt zwei Baracken für Frauen. Bei einer kurzen Besichtigung offenbaren sich schlimme Zustände. Jede Frau will ihre Geschichte erzählen. Es gibt blinde und schwangere Frauen. Eine erzählt mir, dass sie ihr sechs Monate altes Kind zu Hause lassen musste. Alle sind von zu Hause abgeholt worden. Ihnen wurde keine Zeit gelassen, die notwendigsten Dinge zu regeln.

In aller Eile gepackte Koffer. Das alles ist so schrecklich neu und unbegreiflich für mich. Ich bleibe allein in den leeren Baracken. Nebenan sind achtzig Männer, die im Lager bleiben sollen, in einem Gebäude eingeschlossen worden. Etwas weiter weg müssen andere stundenlang in der Sonne stehen. Ich erkenne eine von den Frauen wieder: eine rumänische Jüdin, die in Frankreich lebt. Man hat sie auf ihrem Hof gefangen genommen, sie musste ihr fünfjähriges Kind zurücklassen. Ihr armseliges Bündel vor sich, wartet auch sie, stehend wie die anderen; sie verliert weder Zeit noch Kraft, unnötige Tränen zu vergießen – und trotzdem ... Ich weiß nicht, ob sie eine wirkliche Vorahnung von dem hat, was auf sie alle zukommen wird.

Schließlich setzt sich der Zug in Bewegung. Eine lange Reihe geht an uns vorbei, entfernt sich, die letzte Frau verschwindet an der Biegung. Die Szene, die sich mit Varianten so oft wiederholen sollte, spielt sich zum ersten Mal vor meinen Augen ab.

Außer mir bleiben nur noch einige Frauen: Drei oder vier hat man im letzten Moment aus dem Transport geholt. Ihr Fall war nicht »klar«. Außerdem bleiben noch fünfzehn Männer. Gegen Abend reihen sie sich schweigend kurz vor der Baracke auf, vor der ich mich befinde. Wir sehen uns an. Ich weiß nichts zu sagen. Sie auch nicht. Vielleicht stellen sie sich Fragen: Ist sie ein »schwarzes Schaf« oder wirklich eine »Juden-Freundin«?

Frühmorgens am nächsten Tag kommt bereits ein neuer Transport von fünfundzwanzig Frauen. Sie sind alle in Frankreich lebende Ausländerinnen. Mir fällt ein junges Mädchen auf, No Rabinovitch, stattlich, gesund, kräftig. Sie ist neunzehn Jahre alt. Ich mag sie auf den ersten Blick. Sie wird meine beste Mitarbeiterin.

Das Lager ist unter deutscher Kontrolle und besteht aus einem Dutzend Baracken. Am Eingang gibt es ein Steingebäude für die Krankenstation.

Der Boden ist schlecht, voller Löcher, schlammig, sobald es regnet. Die Gestapo kommt hauptsächlich bei Deportationen.

Die Lagerdirektion führt folgsam die Befehle aus. Sie stellt die Listen für die Transporte zusammen.

Der Verwalter ist jedoch ein sehr wertvoller Mensch. Er hat eine unerschöpfliche Geduld. Er hat immer das Unmögliche für die Gefangenen getan. Der Schutzengel des Lagers ist zweifellos Mademoiselle Roland, die Rote-Kreuz-Schwester; sie wird niemals die nötige Anerkennung von denen finden, die zurückgekehrt sind. Sie ist unermüdlich, sie gibt, sie hilft und tröstet und ist für alle eine große Stütze.

Nach zwei oder drei Tagen Eingewöhnung kündigt man uns die Ankunft von fünftausend Personen am Dienstag an. Mit mehreren Ärzten untersuchen wir sie und isolieren sofort die, die an ansteckenden Krankheiten leiden. Männer, Frauen, Kinder, Babys werden in einer großen Halle außerhalb des Lagers zusammengepfercht. Mich erstaunt und ärgert das Misstrauen von manchen Leuten, die erschreckt zurückweichen, sobald sie die medizinischen Untersuchungsinstrumente sehen; sie glauben wohl, dass man ihnen etwas Tödliches spritzen will. Wo haben sie von derartigen Sachen hören können? Ich habe noch einen langen Weg vor mir, um das zu begreifen!

Unnötig zu sagen, dass die Krankenstation sich auf beängstigende Weise füllt. No bleibt nicht in ihrer Baracke. Sie zieht es vor, mir zu helfen. »Denn«, sagt sie, »ich werde noch sehr viel Mut brauchen und werde später schreckliche Augenblicke mit ihnen verleben.« Woher bezieht sie diese Gewissheit?

Auf der Krankenstation sind wir zu zweit, No und ich. Bald (August 1942) gibt es dort alle möglichen Krankheiten. Schwere Dysenterie, Scharlach, Diphtherie, Keuchhusten, Masern. Andere Baracken müssen hergerichtet werden, um die Kranken aufzunehmen. Natürlich gibt es einen schreienden Mangel an Hygiene und an Pflegemöglichkeiten. Immer wieder müssen wir auf die Vorräte des Verwalters zurückgreifen. All das gibt einen kleinen Vorgeschmack darauf, was wir später sehen werden.

Herzzerreißend ist das Schauspiel, das von denen gegeben wird, die wahnsinnig geworden sind; es ist sehr schwierig, sie zu isolieren und zu überwachen. Eine von ihnen ruft: »Man wird uns in Züge stecken, und hinter der Grenze werden sie die Waggons in die Luft sprengen.« Wir überlegen: Könnte es sein, dass sie es richtig sieht, mit der Klarsicht, die manchmal Geisteskranke haben?

No ist eine großartige Hilfe. Sie schaut dem Leben voll ins Gesicht, erwartet etwas Starkes von ihm. Sie wirft sich mit Leib und Seele auf etwas, überschreitet ihre Möglichkeiten, wissend, dass sie eines Tages jemand sein wird, auf den viele Menschen blicken, die von ihr vielleicht etwas Unmögliches erwarten. Aber sie werden es nicht wissen. Ihr Bruder und sie sind abgeholt worden. Ihre Eltern konnten zu Hause bleiben. Auch das scheint plausibel: Man greift sich die Jungen, um sie arbeiten zu lassen. Die Alten lässt man zu Hause, denn sie können nicht nützlich sein.

Die medizinische Leitung des Lagers hat ein Arzt, der Bürgermeister von Pithiviers, Dr. Bizette. Nach einiger Zeit wird ihm eine Ärztin aus Pithiviers beigeordnet. Beide sind von großer Gerechtigkeit und tiefer Menschlichkeit. Man kann volles Vertrauen zu ihnen haben. Leider bleiben sie nicht lange: Die Deutschen vertrauen ihnen nicht!

Die Baracken der Männer und der Frauen sind nicht voneinander getrennt. Ihre Bewohner kommen Tag und Nacht zusammen – zur großen Verzweiflung der Gendarmen, die die letzte Runde drehen müssen.

Die Atmosphäre in den Baracken ist bedrückend, ist belastet von der Ungewissheit über die Zukunft. Frauen und Kinder übereinander zusammengepfercht. Schäbige und beengte Bedingungen, und trotzdem überleben einige wunderbare Menschen. Lebensbedingungen, die unerträglich scheinen und die trotzdem noch paradiesisch sind im Vergleich zu dem, was sie erwartet. Etagenbetten wie Kaninchenkäfige. Stroh, Staub, Ungeziefer, Krankheiten, Streit, Geschrei. Keine Möglichkeit, auch nur eine Sekunde allein zu sein. Nach und nach kommen immer mehr Rote-Kreuz-Schwestern zu uns. Sie leisten eine bemerkenswerte Arbeit.

Neue Transporte kommen im Lager an, aber es gibt auch abgehende Transporte. Die Szenen werden mehr und mehr herzzerreißend und tragisch. Ganz früh am Morgen erscheinen die Gendarmen in der Krankenstation und rufen die Namen der »Auserwählten« auf. Alle hören zu, halten den Atem an, haben schreckliche Angst, ihren Namen zu vernehmen, hoffen, dass es jemand anderen trifft. Viele verstecken sich oder simulieren Krankheiten aller Art. Es gibt Selbstmordversuche. Aber dann wird doch der Zählappell gemacht. Häufig passiert es, dass die ersetzt werden müssen, die es auf die eine oder andere Weise geschafft haben zu bleiben. So kann niemand sicher sein, nicht doch noch in der letzte Minute aufgerufen zu werden, wenn man sich bereits sicher glaubte.

Danach gibt es lange Abschnitte, wo man stehen muss. In dem Durcheinander, der Hast, dem Fieber, der Verzweiflung hat jeder noch ein paar

Ratschläge, Geld oder Schmuck zu übergeben, das man den Familien schicken soll. So kommt es, dass Hunderte von Millionen (alter) Francs und Schmuck, aufgeteilt in unzählige kleine Päckchen, bei mir versteckt worden sind bis zu dem Tag, wo es einer Krankenschwester, der letzten, die wir in Pithiviers hatten, gelingt, sie aus dem Lager zu schmuggeln und an die jeweiligen Adressen zu schicken. O je, damals glaubte man noch, dass das wichtig ist, aber es gab doch viel wichtigere Dinge als Geld und Schmuck!

Auf einer Wiese außerhalb des Lagers schneidet man den Männern die Haare. Der Boden ist übersät damit. Tausende und Abertausende müssen da durch. Die Gestapo macht Durchsuchungen. Geld, Schmuck, alle Wertsachen werden weggenommen. Es kommt vor, dass sie die Banknoten in Töpfe stecken und dann mit Stiefeln feststampfen. Das Gepäck wird aufs Gründlichste durchsucht

Daunenbetten werden aufgeschlitzt. Tagelang bedecken die Federn den Boden. Vieles ist verboten mitzunehmen, meistens sogar eine Decke.

Dann sieht man sie, wie sie den Weg zum Bahnhof gehen. Wie viele Transporte haben wir auf diese Weise sich entfernen sehen!

Der schlimmste Transport ist der vom 2. August 1942: Eltern werden von ihren Kindern getrennt. Diese müssen im Lager bleiben. Man kann sich vorstellen, was das bedeutet, wenn man weiß, dass es 1.200 Kinder gibt. Nur die Kinder über fünfzehn können ihre Familie begleiten. Unsägliche Szenen! Die Kinder werden mit Gewalt von ihren Eltern weggerissen. Eine halb wahnsinnige Frau entführt ihr Kind aus der Krankenstation. Ich habe an diesem Tag mehr als einen Gendarmen weinen sehen. Sie mussten die Familienszenen beenden und die Leute aus den Baracken jagen. Die meisten waren auf diese Aufgabe nicht vorbereitet. Der Lagerkommandant kam zu mir, um mich zu bitten, meinen Einfluss bei den Müttern zu nutzen, um ihnen zu sagen, dass die Kinder bald mit ihren Eltern zusammenkommen würden. Er zeigt mir einen Brief der Präfektur von Orléans, der wörtlich folgende Sätze enthält: »Die Eltern werden vorgeschickt, um das Lager aufzubauen. *Die größte Sorgfalt wird darauf verwendet,* dass die Lebensbedingungen für die Kinder möglichst gut sind.«

Was unmöglich scheint, passiert trotzdem. Am Nachmittag sind die Mütter auf dem Feld außerhalb des Lagers; die Kinder klammern sich unter verzweifeltem Schluchzen von innen an den Stacheldraht und müssen zusehen, wie ihre Mütter gehen. Man hat ihnen einen Stoffstreifen mit ihrem Namen und ihrem Alter auf den Arm genäht, denn es gibt viele sehr kleine Kinder. Der Tag kommt, wo auch sie alleine wegfahren müssen, begleitet von einigen Frauen. Viele haben ihren Stoffstreifen verloren, andere haben ihre Mäntel getauscht. Ich denke an den Brief der Präfektur: »Die größte Sorgfalt ...« Ich versuche, mir die Ankunft dieser Kinder »dort« (wo eigentlich?) vorzustellen. Nein, es ist unmöglich, dass die Kinder ihre Eltern wiederfinden. Wie wollen sie das erreichen, denn nur dank privater Initiativen hat man versucht, die Identität der Kinder zu bewahren, kein Befehl wurde diesbezüglich gegeben. Also ...? Man wagt nicht, die Sache bis zu Ende zu denken – nein, nein, das ist sicher nicht »das«, das kann es nicht sein.

Auf der Krankenstation gibt es jetzt nur noch Kinder. No und ich müssen sie auch nachts versorgen. Von allen Seiten hört man: »Aa« und »Pipi«. Vier von ihnen bleiben bis zum Abtransport nach Beaune-la-Rolande – wie vier herrenlose Gegenstände. Sie sind stumm geworden, antworten auf keine Frage. Niemals sieht man auf ihren Gesichtern den kleinsten Anschein eines Lächelns. Erschöpft und stumpf lassen sie alles mit sich geschehen, gleichgültig gegenüber dem, was noch passieren kann, scheinbar wissend, dass man sich fügen muss.

Abends plaudern und singen No und ich auf den Stufen der Krankenstation. Die Nacht ist klar. Ich bringe ihr den Kanon »dona nobis pacem« bei. Das klappt noch nicht sehr gut. Wir versuchen es am nächsten Tag noch einmal. Aber der bringt uns etwas ganz anderes. Denn No wird für den Transport dieses Tages aufgerufen, obwohl sie zum medizinischen Personal gehört. Der Kommandant verspricht mir, sie im Laufe des Tages von der Liste zu streichen. Aber sie muss mit den anderen hinausgehen, wird durchsucht. Der »Professor« ist verzweifelt (er ist Professor einer österreichischen Universität). Um mit mir auf die andere Seite des Stacheldrahts kommen zu können, verkleidet er sich als Krankenpfleger und trägt ganz auffällig die Thermometer in einer alten Konservenbüchse. Er bringt ihr eine Decke. Die Sonne brennt auf die Wiese, es gibt keinen Schutz. Ich treffe nochmals den Kommandanten, und er sagt mir spontan: »Ich vergesse mein Versprechen nicht, sie wird nicht gehen.« Stunden vergehen, noch immer ist nichts geschehen. Um 19 Uhr geht der Transport ab und mit ihm No, die ebenfalls bis zur letzten Minute gehofft hat. Ich habe versucht, ihre Spur in Auschwitz zu finden, habe aber nicht den geringsten Hinweis erhalten.[2]

2 Noémi Rabinovitch, geboren am 15.2.1923 in Riga, wurde mit dem Transport vom 2.8.1942 nach Auschwitz deportiert und dort am 6.9.1942 getötet. Ein Foto ihres mit ihr deportierten Bruders Isaac findet sich in Serge Klarsfelds *Mémorial des Enfants juifs déportés de France*, Paris 1994, S. 1042.

In der Folgezeit kommen andere Transporte zu uns. Die Erstellung der Abfahrtslisten ist immer ein Drama. Es gibt Juden unterschiedlicher Arten: die Ehemänner von »arischen« Frauen und die »arischen« Ehefrauen; Frauen, deren jüdische Männer Kriegsgefangene sind; Frauen, deren Familie für die Deutschen arbeitet. Schließlich die schwangeren Frauen. Alle diese Kategorien werden katalogisiert; ihnen kommt – am Anfang – ein Aufschub zugute.

Die Transporte mit Franzosen werden immer zahlreicher. Damit ist Schluss mit der Legende, dass nur Ausländer deportiert würden. Es gibt sehr sympathische Leute unter ihnen. Ich sehe eine Familie wieder: Vater, Mutter, Tochter. Sie haben verdammt viel Mut bewiesen. Auch sie verlassen uns eines Tages wie die anderen. Dieser Transport von Franzosen hat ein besonders würdevolles Verhalten.

Zunehmend wird es schwieriger, den Mangel an Hygiene zu meistern. Es gibt lächerlich wenig Toiletten, sie quellen über. Suche nach Läusen und Flöhen im trüben Licht der Waschräume …

Auszug aus Notizen:

29. August 1942: Ich habe heute eine grässliche Neuigkeit erfahren (aus sicherer Quelle, von einer Person, die offiziell in Drancy war): Man hat den Kindern die Identitätsplaketten weggenommen, die wir ihnen hier gemacht haben. Die Absichten sind klar. Ein Zweifel ist nicht mehr erlaubt. Sie verfolgen Punkt für Punkt ihr Programm zur Ausrottung der Juden.

Ein Gendarm hat die Unterhaltung zwischen einem deutschen Soldaten und einer jüdischen Frau mit angehört. Er sagte, dass es für sie außerordentlich schwierig sei, das zu tun, was sie machten, aber die Franzosen würden sie dazu zwingen … Welcher Gipfel von Lügen!

1987: Oh, welche Illusionen hatte ich! Später, viel später habe ich die unauslöschliche Schande unserer Regierung erfahren, ihre freiwillige Komplizenschaft in diesem Unternehmen der Vernichtung.

12. September 1942: Der Lagerklatsch kündigt einen Transport nach Beaune-la-Rolande an. Wer wird mitgehen? Junge Mädchen und Männer, alleinstehend, ohne Familie. Viele Verbesserungen werden die Folge sein. Die kleinen Baracken werden Unternehmen zur Verfügung gestellt, z. B. Bekleidungsbetrieben. Sehr gut. Dieser Abtransport scheint also nicht allzu schlimm zu sein. (Trotz der Dinge, die ich am 29. August geschrieben habe, sieht man also, dass man niemals eine Sache wirklich bis zu Ende denken konnte; man hat immer die letzten Schlussfolgerungen, die für den normalen Verstand unvorstellbar waren, vor sich hergeschoben.)

14. September 1942: Andere Gerüchte gehen um. Nach einem sind es die Ausländer, nach anderen die Paare, die nach Beaune verlegt werden sollen. Im Augenblick des Appells kündigt R., ein Häftlingsarzt, an: »Wissen Sie schon die Neuigkeit? Ich fahre, alle fahren.« Ich nehme diese üblichen Scherze nicht ernst. Aber es ist wahr, und nach und nach wird einem klar, dass es wahr ist.

Abends das letzte gemeinsame Essen. Vorbereitungen. Sie haben die Neuigkeit mit viel Mumm aufgenommen. R. lacht und scherzt. Der »Professor« organisiert ganz ernsthaft sofort einen Arbeitsplan. Frau K. erzählt und lacht. Wirklich, ich bewundere sie. Ich selbst fühle mich leer. Habe wenig geschlafen in der Nacht. Habe ihre Rote-Kreuz-Binden vorbereitet. Frau K. ist überhaupt nicht zu Bett gegangen, ist herumgelaufen, hat ihre Haare gewaschen und ist schließlich zusammengebrochen. Sie hinterlässt ein dreijähriges Kind.

Dieser Transport. All die »Alten«, mit denen man eine Gemeinschaft gebildet hat, sind dabei: das medizinische Personal, Küche, Verwaltung.

Zwei Kinder haben uns verlassen, das eine unter dem Namen Jojo, Stamm-Nr. 39, das andere unter dem Namen Bernard, genannt Jojo, Stamm-Nr. 28 … Ich erinnere mich an die Worte des Lagerkommandanten: *Die größte Sorgfalt …*

Am Sonntag, dem 25. September, geht ein großer Transport ab. Die Baracken werden gefilzt. Sie nehmen alle mit, auch die Schwerkranken, selbst die mit offener Tuberkulose. Es spielen sich immer dieselben Szenen ab: Hoffnungslosigkeit, Ratschläge, Übergabe von Briefen, Geld und Schmuck.

Am kommenden Donnerstag wird das Lager Richtung Beaune-la-Rolande evakuiert. Pithiviers soll ein Lager für Kommunisten werden. Mir erscheint das sehr komisch, jetzt ganz ernsthaft meine Sachen zu packen, nach all dem falschen Alarm. Es sind inzwischen die Sachen einer Vagabundin. Kaum eines der Pakete hält zusammen. Der Inhalt droht jeden Moment verloren zu gehen. Ein wildes Verlangen befällt mich, von diesem Ort zu fliehen, in das normale Leben zurückzukehren, so normal wie möglich, banal, nichtssagend, monoton. Ich denke an Flucht. Mein Schicksal will es, dass ich alleine das Lager verlasse mit Mlle. Roland vom Roten Kreuz. Aber im psychologisch richtigen Moment stößt ein Gendarm zu uns. Glücklicherweise, denn die Flucht hätte den Handlungsmöglichkeiten des Roten Kreuzes in den Lagern einen beträchtlichen Schaden zugefügt. Einen Moment lang war ich leichtfertig.

Lager Beaune-la-Rolande

Jetzt ist die Reihe also an uns, in einen dieser Güterzüge zu steigen, die wir von Weitem gesehen hatten und deren Inneres wir nur ahnen konnten. Beaune-la-Rolande befindet sich 18 Kilometer von Pithiviers entfernt. Wir fahren um 20 Uhr ab, sitzen zusammengepfercht auf dem Fußboden. Bald ist es dunkel. Nur ein einziger »Kübel«. Alle im Waggon werden von schrecklichen Koliken geplagt, ich weiß nicht aus welchem Grund. Der Kübel quillt über. Durch das Gitterfenster rufen wir nach den Angestellten, aber sie stellen sich taub. Es gibt nur ein heroisches Mittel: den Kübel mit einer Konservendose leeren, die jemand mir hinhält. Die Nacht vergeht mit diesem »Zeitvertreib«. Die Koliken gehen weiter. Die physische und psychische Atmosphäre ist bemitleidenswert. Wir kommen am nächsten Morgen um 9 Uhr in Beaune an. Die vier Kinder, die die Sprache und das Lachen verloren haben, werden in die Krankenstation gesteckt. Aber – o Schreck – bald bemerken wir, dass die zwei »Krankenschwestern«, obwohl Französinnen, das Verhalten von deutschen Gefängniswärterinnen haben. Sie sind Abenteurerinnen, die so viel wie möglich mitgehen lassen. Dasselbe trifft auf den Verwalter zu. Erst nach großen Mühen gelingt es Mlle. Roland schließlich, in das Lager hineinzukommen, denn diese Damen wollen selbstverständlich jede Einmischung in ihre Angelegenheiten verhindern.

Schon am Morgen nach unserer Ankunft gibt es einen großen Transport nach Drancy. Nur noch einige bleiben. Aber bald kommen andere zu uns. Es sind Ausländerinnen. Das Leben organisiert sich und die Läuse auch, was diplomatische und andere Verwicklungen schafft.

Die Häftlinge müssen arbeiten: Gemüse putzen, das ist normal. Aber auch schwere Arbeiten unter Aufsicht der zwei Krankenschwestern: die Krankenstation aufräumen, ein Riesenberg von Wäsche, den die aufeinanderfolgenden Transporte hinterlassen haben. Sie missbrauchen die Kräfte der Häftlinge, die nichts zu sagen wagen. Um sie zu entlasten, mache ich mich selbst daran, Betten zu machen usw. – immer unter dem Kommando der Krankenschwestern. Ich wollte sehen, wo der Spaß endet. Eine von ihnen kommt aus einem Zimmer, zeigt mit dem Daumen auf einen Haufen alter Wäsche und ruft mir zu: »Tragen Sie das weg!« Aber ich denke, dass die Komödie lange genug gedauert hat. Wütend schreit sie: »Ich gebe Ihnen fünf Minuten«, und stürzt nach draußen, um Verstärkung zu holen. Ich hinterher. Wir treffen auf einen Gendarmen. Er weiß nicht genau, wie er sich verhalten soll, der Arme. Er sagt leise zu mir: »Ich verdrücke mich«, und flieht sogleich. Verlassen von der Justiz, sucht die Krankenschwester woanders Hilfe.

Wir bemerken bald, dass wir nicht in den Händen von drei, sondern von vier Abenteurern sind. Der vierte ist der Assistent des »Arbeitseinsatzleiters«. Er liebt es besonders, das medizinische Personal zu schikanieren. Eines Tages beauftragt er einen Kollegen, alle Nägel in den Baracken geradezubiegen ... Dr. H. wird bestraft und kahl geschoren. Nach dieser »Operation« meldet er sich fröhlich bei uns »zurück vom Strafbataillon«!

Auszüge aus Briefen:

Brief an meine Schwester vom 2. Oktober 1942: Meine Gesundheit und meine Moral sind noch immer sehr gut. Wir werden von Flöhen aufgefressen, durchwachte Nächte sind häufig. Wir leben noch immer wie Vögel auf einem Ast. Kaum hat man ein Stück Bindfaden zwischen zwei Bretter gespannt, um die Wäsche aufzuhängen, muss man woanders hingehen, komfortabel eingerichtet auf dem Fußboden von Viehwagen ...

Brief an meine Schwester vom 18. Oktober 1942: ... Und wo hast Du z. B. diesen herrlichen Rock aufgetrieben, er passt mir sehr gut, auch der Pullover. Man hat Ah! und Oh! gerufen, als man mich in diesem prächtigen Putz gesehen hat. Es wurde Zeit, dass sich mein Äußeres ändert ... Es gibt etwas Neues. Ich habe Diphtherie. Eine schöne, klassische Diphtherie, die man sehr gut einem Auditorium von Studenten des 3. Semesters vorführen könnte. Ich habe mich wohl in Pithiviers angesteckt, denn dort gab es viele Fälle. Das Serum wirkt wunderbar, und meine Kollegen pflegen mich ... Ich werde die Krankenstation einweihen, was den Herren Gendarmen gegen den Strich geht, die jetzt überall Wachen aufstellen müssen ...

Morgens und abends werden wir sorgfältig gezählt. Aber man muss sagen, dass die Gendarmen das mit Feingefühl tun. Um uns morgens nicht zu wecken, kommen sie fast auf Zehenspitzen zu uns herein. Die meisten von ihnen empfinden diese Pflichten als sehr lästig und verbergen ihre Denkweise nicht. Einer von ihnen zählt uns eines Abends, dann unterbricht er und sagt verlegen: »Ist das nicht traurig hier!«

Brief vom 1. November 1942: Es gab ein tragisches Ereignis. Nach einigen Tagen hatte ich in meinem Krankenzimmer einen kleinen Mitpatienten von dreieinhalb Jahren; er hatte ebenfalls Diphtherie und gab uns sehr bald Anlass zu großer Sorge. Seine Eltern sind im Juli deportiert worden und mussten ihn buchstäblich auf der Straße zurücklassen. Dann wurde er der Fürsorge übergeben. Schließlich wurde er von Leuten aufgenommen, die seine Eltern gekannt hatten.

Ein sehr niedlicher und intelligenter Fratz, in seinem Blick war bereits das ganze Wissen seiner Rasse betreffend das Unheil, so wie bei vielen anderen, die ich gesehen habe. Sie haben ihn bei den Leuten abgeholt, die ihn aufgenommen hatten. Bei uns war er seit dem 15. Oktober. Man musste ständig bei ihm wachen, aber er ist am Donnerstagmorgen, dem 29. Oktober, gestorben. Wir haben dann anstelle seiner Mutter Totenwache gehalten. Ich habe an sie über seine Adoptiveltern geschrieben. Wird sie den Brief jemals lesen?

Das Lagerleben ist zerstörerisch, es nagt am Selbstwertgefühl. In Pithiviers hatte der große Mangel an Hygiene schon eine massive Invasion von Läusen heraufbeschworen. Die Überbelegung der Baracken erlaubt es den Leuten nicht mehr nachzudenken, zu überlegen, sich in Studien zu vertiefen. Wir haben hier das Beispiel von Leuten eines gehobenen sozialen Standes, die sich aber vollständig vernachlässigen.

Gewisse Leute – die nur zu froh sind, ihren Antisemitismus mit solchen Argumenten untermauern zu können – haben aus dieser Lagererfahrung negative Schlussfolgerungen für die jüdische Mentalität ziehen wollen. Das ist absurd. Jede beliebige Masse, die willkürlich zusammengesteckt worden wäre, hätte sich nicht anders verhalten. Immer herrscht der Egoismus und dies umso ausgeprägter, wenn man seine eigene Haut verteidigen muss. Das ist eine menschliche, nur zu menschliche Reaktion. Es ist schwierig, unter solchen Umständen Würde zu bewahren. Ich erinnere mich umso mehr mit Bewunderung und Anerkennung an solche Menschen, die ich getroffen habe, die trotz all dieser schwierigen Bedingungen sie selbst haben bleiben können.

5. November 1942: Verlegung ins Gefängnis von Orléans, da in den Lagern für Juden keine »Arier« mehr bleiben dürfen.

Verzweiflung am Abend in der Zelle. Ein menschliches Gesicht sehen! Sehr spät wird der »Spion« geöffnet, ein Wärter (nicht SS) tritt ein. Wir reden miteinander. Das tut gut! In der Folgezeit finde ich jeden Tag auf meinem Kopfkissen einen Apfel, ein Stück Kuchen, wenn ich nach dem Waschen in meine Zelle zurückkehre.

Unser Saal, in dem »Kriminelle« sehr verschiedener Herkunft versammelt sind, befindet sich neben dem der Kommunisten, der sehr homogen ist. Ihnen ist es gelungen, eine brüderliche und großzügige Gemeinschaft zu bilden. Bald knüpfen sich freundschaftliche Bande zwischen uns. Wir führen gemeinsam ein Revuestück auf, stellen die Ideen von Freiheit und Achtung der Menschenwürde den Nazi-Konzeptionen gegenüber, die die menschlichen Werte zerstören. Intensiv hören wir Marie-Claude Vaillant-Couturier zu, die aus der Erklärung der Menschenrechte zitiert: »Die Menschen werden frei und gleich an Rechten geboren und bleiben es – ohne Unterschied der Rasse und der Person …«

Jetzt gibt es zwischen uns etwas Solides, wir haben uns zusammengefunden jenseits aller Meinungsunterschiede. Obwohl unsere Ansichten und Wege sich unterscheiden, haben wir genügend gemeinsame Überzeugungen, um loyal für dasselbe Ziel zusammenzuarbeiten, für den Respekt der menschlichen Würde.

Am 9. Januar hat Danielle Casanova Geburtstag. Wir feiern ihn mit dem größtmöglichen Prunk. Und wir beschließen, gemeinsam die begonnene Aktion fortzusetzen. Wir legen den 3. März für die zweite Aktion fest. Aber – o weh! – der 3. März wird uns in einigen tausend Kilometern Entfernung von hier finden, und einige werden nicht mehr leben.

21. Januar 1943: Die Kommunistinnen gehen. Wir folgen ihnen in kurzem Abstand und treffen sie am Samstagmorgen in Compiègne wieder. Dann (am 24.1.1943) in Viehwaggon nach Auschwitz.[3] Noch in Frankreich schicken wir Briefe an unsere Familien. Bei der Rückkehr habe ich die meinen vorgefunden. Auf einem ziemlich großen Bahnhof, den Namen habe ich leider vergessen, geht der Bahnhofsvorsteher den ganzen Zug entlang, so nah wie möglich; er wiederholt unablässig mit einer Unschuldsmiene: »Briefe zweihundert Meter weiter, Briefe zweihundert Meter weiter.« Wir sehen von ihm nur den oberen Teil seiner weißen Uniformmütze, aber das ist schon ermutigend; sorgfältig befolgen wir seinen Rat.

3 Der Transport umfasst 230 Französinnen, fast alle politische Häftlinge; ihre Namen und ihr Leben sind beschrieben in dem Buch von Charlotte Delbo, Le convoi du 24 janvier, Paris 1995.

Im KZ Auschwitz

Ankunft (27.1.1943)

... Am Mittwochabend ein langer Aufenthalt. Durch die uns umgebende Stille erreichen uns das Brüllen von Kühen und die Schritte der Wachen auf einem harten Boden. Während der letzten Stunden haben wir uns auf das vorbereitet, was wir uns als unser zukünftiges Leben vorstellen: Kasernen, Arbeit in Fabriken; wir haben uns positives Handeln überlegt, das möglich sein könnte. Oh, süße Naivität! Man heißt uns, aus den Waggons herauszusteigen ... Eine riesige mit Schnee bedeckte Ebene, Nebel, Raben. Die russische Steppe? Denn immer wissen wir noch nicht, wo wir sind. Wir kreuzen viele Reihen von Männern in gestreifter Uniform. Dann Frauen. Rasierte Köpfe. Abgestumpfte Gesichter. Eine von ihnen, die hier wohl das Kommando hat, schlägt mittendrein. Oh! Gefangene, die ihre Mitgefangenen schlagen? Erster Kontakt mit einer unbekannten Welt, in der die Umkehrung der Werte das Gesetz ist.

Elektrische Drahtzäune, die bis ins Unendliche reichen. Verzweiflung droht sich unser zu bemächtigen und, wie zur Herausforderung, singen wir alle die Marseillaise, bevor wir eintreten. Im Morgennebel marschieren deutsche Soldaten, Hunde und Gruppen von »Gestreiften« auf uns zu. Andere bleiben am Straßenrand, immer in Fünferreihen.

Wir warten in einer Art großen Lagerhalle. Deutsche Gefangene stürzen sich auf uns und umkreisen uns die ganze Nacht wie Schakale. Ohne Scham klauen sie unsere Sachen und beschuldigen uns dann ganz dreist bei ihren Leuten, sie geschlagen zu haben. Eine *Kapo*[4] mit einem großen Stock, die nicht den Mut hat, uns anzugreifen, ruft einen SS-Mann zu Hilfe, der dies mithilfe eines Knüppels tut und uns *verkommenes Volk* schimpft. Ein inneres Aufbäumen, die Wut wegen der Unfähigkeit, die Sachen wieder in Ordnung zu bringen, die Weigerung, mit dieser höllischen Gewalt rechnen zu müssen, die wir entdecken. Wir beginnen zu begreifen, dass hier die Diebe und Abenteurer die Stütze des ganzen Systems bilden. Sie haben die Macht inne und lassen die anderen Gefangenen das Gewicht ihrer willkürlichen Grausamkeit spüren. Gefangene mit dem schwarzen (»Asoziale«, Prostituierte) und grünen Winkel (»Berufsverbrecher«) teilen das Geplünderte der anderen wehrlosen Gefangenen unter sich auf. Und das ist wirklich eines der monströsesten und raffiniertesten Dinge

4 Deutsch im Original; im Folgenden werden im Original verwendete deutsche Wörter und Sätze kursiv geschrieben.

des Lagers. Dieser Zustand erlaubt die schlimmsten Schrecken, die schlimmsten Erniedrigungen, ohne dass die SS sich den Anschein gibt, hierfür Verantwortung zu übernehmen. Sie wissen genau, dass damit eine viel schlimmere Situation geschaffen wird, als wenn sie alle Kommandohebel in der Hand behalten würden. Ihre Intentionen werden noch verstärkt durch all die Rivalitäten, all den persönlichen Ehrgeiz und Hass, dem nichts Einhalt gebietet. Sie wissen auch, dass dies das sicherste Mittel ist, um den Geist wirklicher Solidarität unter den Gefangenen zu verhindern.

Unsere Haltung während unseres Einmarsches in das Lager bringt uns sehr unterschiedliche Bewertungen. Vonseiten der »schwarzen Winkel« wird es als Aufstand, als höchst ungebührliche Revolte gegenüber der legalen Autorität angesehen. Sie wollen uns niederzwingen, und das zieht direkte oder indirekte Versuche nach sich, uns zu schaden. Aber für andere war das ein bewegendes Zeichen von Hoffnung. Noch zwei Jahre später wird eine Gefangene in Ravensbrück mit mir darüber sprechen.

Wir sind froh, abends die anderen Französinnen wiederzutreffen – in einem Block voller Schlamm. Wir waren nur 24 Stunden voneinander getrennt, aber das erschien uns wie eine Ewigkeit.

Es gibt kein Licht. Man schläft zu siebt oder acht in einem »Kaninchenkäfig«. Wir sind von der Angst besessen, dass uns Dinge gestohlen werden, die wir haben retten können, Handtuch, Zahnbürste, Kopftuch, Stiefel. Während der Nacht streifen fremde Hände unsere Gesichter, versuchen alles zu nehmen, was nützlich sein kann. Der große Traum meines Lebens war, ohne Gepäck zu reisen. Dieser Wunsch ist nun in Erfüllung gegangen, denn selbst die best behüteten Sachen verschwinden. Die Eroberung eines Stofffetzens, eines Stücks Papier oder einer Sicherheitsnadel scheint viel wichtiger als die eines Kontinents.

Schrille Pfiffe. Es heißt aufstehen. Drei Uhr morgens. Noch für eine lange Zeit bewirken diese Pfiffe, dass sich mit einem Mal eine ganze Welt von Schatten erhebt. Genauso wird es sein mit dem Lärm von wegfahrenden Lastwagen.

Zählappell. Nicht weit von uns ein »Judenblock«. Man führt sie vor den anderen zurück, im Vorbeigehen schlagen SS-Leute und »schwarze Winkel« sie mit Stöcken und Knüppeln. Sie lachen. Wir unterdrücken einen Protestschrei. Hinnahme eines Zustands, den zu ändern man sich nicht imstande fühlt. Feigheit trotzdem ... Wie viele ähnliche Dinge werden wir in der Folgezeit noch hinnehmen!

Ein sehr undeutlicher Tag wird klarer. In der Ferne hört man das perverse Trommeln des Orchesters des Männerlagers …

Maï Politzer möchte ihre Weigerung ausdrücken, sich von dieser dantesschen Atmosphäre unterkriegen zu lassen. Sie organisiert ganz einfach … Volkstänze unter freiem Himmel. Das Lager ist verblüfft: Die sind verrückt oder was! Wir müssen auf schmerzhafte Weise lächerlich aussehen. Die schweren gestreiften Kleider und die Stiefel wollen den Bewegungen nicht folgen. Aber es gibt uns das Gefühl, wir selbst zu sein.

Nachmittags ein Hin und Her: Eine SS-Frau will die Französinnen sehen. Sie tritt zwischen uns, starrt uns an und gluckst: »Aah, hier sind also die Französinnen, die gestern Abend in Pelzen und Hüten angekommen sind und die man für elegant hält. Haha! Das ist wirklich komisch.« Genießerisch schaut sie sich die rasierten Köpfe, die jämmerlichen Halstücher, den groben Wollstoff der Röcke und die Holzpantinen an.

Nach dem Appell sehe ich Danielle (Casanova). Sie ist nicht in unserem Block, sondern sofort ins (Kranken-)*Revier* gebracht worden, wo sie dringend einen Zahnarzt brauchten. Ich finde sie ganz verändert, blass, aufgedunsen; ich erfahre, dass sie die ganze Nacht geweint hat, ihr war das Schicksal bewusst, das ihre Kameradinnen erwartete. Wie damit umgehen? Mit einer klaren Sicht der Zukunft und der Gegebenheiten macht sie sich ein Programm: Ihnen »Arbeit« verschaffen, für sie Medikamente stehlen, Lebensmittel abzweigen, etwas von der eigenen Ration abgeben und vor allem ihnen Tag für Tag eine sichere und feste moralische Unterstützung gewähren. Bis zuletzt wird Danielle diesem Programm treu bleiben – immer. Und diese Treue wird der Grund für ihren Tod sein (Typhus). Denn von uns allen befand sie sich noch in den günstigsten Lebensumständen.

Ärztin im Block der Deutschen

Ich werde als Ärztin in den Block der Deutschen verpflichtet. Er ist der am besten ausgestattete, der sauberste, und erhält die meisten Medikamente. Alle von der *Blockältesten,* fast das gesamte »Pflege«-Personal, bis zu den Kranken sind fast ausschließlich »schwarze oder grüne Winkel«. Die Lagerkommandanten haben es für absolut ausgeschlossen befunden, selbst den Abschaum des deutschen Volkes – der trotz allem noch ein Teil der »höheren Rasse« war – mit »verdorbenen« Ausländern zu mischen. Also versteht man sehr gut, dass eine Französin der »negroiden« Rasse nicht in ein derart ausgesuchtes Milieu passt. Beleidigungen, kaum versteckte Drohungen, Fausthiebe, abschätzige Bemerkungen hageln am Anfang auf mich herab. Ihre Allmacht schien unabänderlich, aber mehr und mehr erkannten wir, dass es im Grunde leeres Gerede ist, die Macht der Feigen angesichts der Schwachen. In den ersten Tagen war die Haltung feindlich. Aber die *Blockälteste*, ebenfalls »schwarzer Winkel«, eine Prostituierte, hat Gerechtigkeitssinn. Bald empfinden wir füreinander wirkliche Achtung. Das ändert meine Situation im Verhältnis zum Rest des Personals. Während der drei Wochen, die ich in der Folge als Kranke im »Krankenbau« verbracht habe, hat sie mir jeden Tag eine richtige Mahlzeit bringen lassen, die ich mit meinen Bettnachbarinnen teilte.

Wenn wir uns später zufällig im Lager trafen, war das eine Freude. Wir haben uns umarmt …

Danielle hat es geschafft, mehrere Französinnen als »Krankenschwestern« und »Putzfrauen« im Block der Deutschen unterzubringen; sie mussten die schlimmsten Arbeiten ausführen und die Bosheiten dieser Frauen ertragen. Und die haben nichts ausgelassen. Für sie ist es ein Glücksfall, dass ihnen Französinnen zu Diensten sind, die zudem häufig sozial höher gestellt sind.

Eine nach der anderen wird vom Typhus befallen. In ihrem Bett richtet sich Lochette brüsk auf und sieht mich bestürzt an, als ich in den Raum komme: »Aber, Olivier, du bist doch tot, du bist gerade in meinen Armen gestorben. Ich versichere es dir!« Sie setzt mir ganz ruhig auseinander, wie wir mit dem Flugzeug zurückgekommen sind und dass sie eben noch mein Bein im Lager vergraben hat: »Du bist gestorben mit den Worten: Grüß Frankreich von mir.« Ich kann sie von meiner wirklichen Existenz nicht überzeugen, sie weiß besser als ich, warum. Erst viel später, nachdem ich das selbst erlebt habe, werde ich die außerordentliche Realität der Typhus-Fieberträume kennenlernen.

Vom anderen Bett her fordert Henriette mich kategorisch auf: »Olivier, hol die Fahrkarten am Bahnhof. Der Lagerkommandant hat gesagt, dass die Französinnen nach Hause gehen können.« Sie besteht darauf: »Geh, wenn ich es dir sage.« Der Name Olivier war mir nach einer Theateraufführung in der Festung von Romainville geblieben, in der ich diese Rolle im Roland-Lied gespielt hatte.

Marie-Claude hat einen stillen Fiebertraum. Nachts geht sie wie mondsüchtig herum, ständig endet ihr Gang vor der Tür der Blockältesten, die schreckliche Angst hat und sich verbarrikadiert, damit sie sich nicht länger diesem langen Gespenst gegenüber sieht, das sie fortwährend anstarrt.

Der einzige Wasserhahn wird vehement verteidigt von den »schwarzen Winkeln«. Immer wieder versuchen andere Gefangene, ihn zu stürmen. Hélène kommt triumphierend zurück: »Ich habe mich waschen können. Das hat mich sechs Stockschläge gekostet.«

Den Posten der *Lagerältesten des Reviers* – und andere Funktionen – hat eine deutsche Kommunistin. Das ist eine gute Sache. Man kann mit ihr zusammenarbeiten, kann auf ihre Hilfe zählen. Alle sind schon lange eingesperrt: acht, neun, zwölf Jahre. Orly[5] ist mit neunzehn verhaftet worden. Jetzt ist sie achtundzwanzig. Alles in allem eine gute Kameradin, aber ein sehr unausgeglichenes Verhalten, begreiflich nach neun Jahren KZ ... Wie werden wir selbst sein, wenn wir die gleiche Zeit im Lager verbracht haben werden?

Fast alle SS-Ärzte waren nacheinander in Enna (Weiß) verliebt. Sie ist Jüdin, war eine der Ersten im Lager. Sie ist Chefärztin des Frauenlagers, und es ist gut, dass eine Person wie sie als Mittlerin zwischen SS und den Gefangenen fungiert; eigenständigere Charaktere würden diese Rolle, die ein hohes Maß an Diplomatie erfordert, nicht einmal vierundzwanzig Stunden aushalten. Ich verstehe ihren Erfolg, weil sie wirklich sehr schön ist. Sie leidet bestimmt während der Selektionen, sicherlich hat die Liebe, die die SS-Ärzte für sie empfinden, dazu beigetragen, Opfer zu retten. Sie genießt auch eine hohe Popularität bei den Gefangenen. Aber von Beginn an ist sie ganz besessen von der Vorstellung eines gewaltsamen Todes, den sie erwartet. Alle ihre Freundinnen, eine nach der anderen, mussten in ihrer Anwesenheit in den (Vergasungs)-»Lastwagen« steigen. Mitten in einer Unterhaltung fängt sie auf einmal an, mit Hoffnungslosigkeit von dem Moment zu reden, an dem sie an der Reihe ist. Einer ihrer Bewunderer von der SS hat ihr eines Tages erklärt, dass er es nicht ertragen würde mit anzusehen, wie sie zur Gaskammer geführt wird: Wenn der Moment gekommen sei, würde er es vorziehen, sie zu töten. Ein schwacher Trost!

Die SS-Ärzte

Drei Ärztinnen – eine Polin, eine Österreicherin und ich – werden vor den *Unterscharführer* gerufen und bekommen ein riesiges Stück Seife. Erhalten die Kranken nicht die notwendigen Heilmittel? Wird die Pflege vernachläs-

5 Es handelt sich um Orli Wald-Reichert, die 1940 als »Politische« nach Auschwitz deportiert wurde und einige Zeit im Häftlings-Krankenbau tätig war. Näheres vgl. die biographischen Angaben im Anhang.

sigt? O nein, es handelt sich um eine verdammt wichtigere, lebensnotwendigere Sache: Die Medikamente, die die Kranken bekommen sollen, werden nicht auf den Krankenblättern verzeichnet. Berlin ist ganz verwirrt über diese Nachlässigkeit, denn die Krankenblätter werden dorthin geschickt, um der Welt zu zeigen, wie sehr sich die Deutschen um die Gefangenen in den KZs kümmern. Tausende sterben täglich unter grässlichen Bedingungen, aber ... Die Temperaturkurven sind schön, verlogen, beruhigend.

Während meiner ganzen medizinischen Laufbahn habe ich nie gesehen, dass so viele Blutsenkungen und Zählungen von Blutkörperchen durchgeführt werden. Der Nutzen? Praktisch keiner, aber »es tut gut«. Sie häufen die unterschiedlichsten Analysen an, lassen Arbeiten ohne Sinn und Zweck durchführen. Die Labors arbeiten mit Hochdruck. Die Bitten um Analysen, die Urinfläschchen bedecken die Tische. Aber ... für mehrere hundert Kranke liefern sie gerade eine Aspirintablette, drei Ampullen von diesem oder jenem Medikament.

Und immerhin gibt es jede Menge unbenutzter Medikamente in »Kanada« (Effektenlager), wo all das aufgehäuft wird, was man den Leuten nach dem Transport abgenommen hat, bevor man sie ins Gas schickte.

Eine Ampulle für mehrere hundert Kranke. Weiß man, was das bedeutet? Wie soll man davon Gebrauch machen? Wem soll man sie geben? Eine Münze werfen?

Das »Organisieren« (eine Art zu stehlen) von Medikamenten wird deshalb für jeden Arzt die Hauptsorge. Die Medikamente sind nicht in den Händen des medizinischen Personals, sondern der *Prominenten – Kapos* und *Blockälteste* – und werden das beste Tauschmittel gegen eine Behandlung dieser Privilegierten, eine Behandlung, die man wohlweislich nicht verweigert. Aus diesem Grund besitze ich selbst einen gewissen Vorrat an pharmazeutischen Produkten. Man hat mir gerade noch eine ganze Kiste voll gegeben, und ich habe mich darüber sehr gefreut. Aber man muss sie verstecken. Eines Tages finden wir das Loch, in dem wir hausen, in einem unbeschreiblichen Zustand: Alles liegt durcheinander, die Sachen sind auf dem Erdboden verstreut. Es war der SS-Arzt König, der diese Durchsuchung durchgeführt hat. Er hat Medikamente gefunden und sie mitgenommen. Ich kann nicht anders, als vor Wut zu heulen. So geht es auch die folgenden Tage, aber er findet nicht, was er sucht.

Mir gegenüber verliert er kein Wort darüber.

Er ist groß, riesig – der erste SS-Arzt, den ich kennenlerne. Eine Angst vor Ansteckung beherrscht ihn. Niemals wagt er sich über die Schwelle einer Baracke. Ständige Frage: »Typhusfälle?« Ständige Antwort: »Nein.« Der Rest interessiert ihn nicht. Bei Typhus wird auch für die Deutschen keine Ausnahme von der allgemeinen Regel der Vernichtung gemacht. Typhus ist eine zu große Gefahr für die SS.

Dr. Wirths ist ein sehr widersprüchlicher Typ, manchmal sensibel für alles Menschliche, fähig zu verstehen, manchmal führt er sich als fanatischer Nazi auf, der kaltblütig offensichtliche Verbrechen ausführt.

Dr. Rohde ist im normalen Leben sicher ein »rechtschaffener Mensch«, aber er führt gelehrig die Befehle seiner Vorgesetzten aus. Er machte es aber nicht guten Gewissens. Es hat den Anschein, dass er sich vor den Selektionen betrinkt. Er kann sich nichts vorstellen, was den eingetrichterten Ideen widerspricht. Trotzdem ist er der Beste von ihnen, hat manchmal menschliche Züge, wenn ihm der Zwang der Pflichten eines guten Nazis eine persönliche Note zulässt.

Eines Tages kommt er ganz empört ins *Revier* und erzählt Enna den Grund dafür: »Stellen Sie sich vor! Um der Gaskammer zu entgehen, hat sich eine Jüdin für eine Arierin ausgegeben. Kann man sich *so* ein Verbrechen vorstellen!« Aber wenn man ihm diese »Schande« unter einem ganz menschlichen Aspekt erklärt, gibt er schließlich zu, dass ein derartiger Versuch doch eigentlich ganz verständlich ist. Aber er wäre unfähig gewesen, von selbst diesen Aspekt der Frage zu finden.

Frauen, die wahnsinnig werden, hält man in einem kleinen Verschlag. Das ist höllisch. Man beauftragt mich, sie zu untersuchen. Ich richte es natürlich so ein, dass ich harmlose Diagnosen stelle, denn ich kenne nur zu gut ihre Ziele. Aber die Befehle sagen, dass das Untersuchungsergebnis enden muss mit »ist nicht arbeitsfähig«, was das Todesurteil bedeutet (aus welchem obskuren Grund legen sie so viel Wert auf eine Pseudorechtfertigung ihrer Entscheidung zu töten?). Ich füge diesen Satz nicht am Ende meines Berichtes an. Dr. Rohde lässt mich kommen und schlägt mir vor, dass er selbst diesen Satz dazusetzt. Ich bemerke, dass das Ergebnis genau das gleiche sein würde. Er läuft in seinem Büro herum wie ein Löwe im Käfig. Er schreit: »Wir alle sind nur Instrumente, wir müssen die Befehle, die wir bekommen, ausführen. Wir sind nicht verantwortlich. Sie müssen hart werden!«

Schließlich übernimmt eine österreichische Kollegin, eine charmante und geistreiche Frau, diese Arbeit, um mir ernsthafte Schwierigkeiten zu ersparen. Noch heute stelle ich mir die Frage, ob man, um »ein gutes Gewissen« zu behalten, zulassen kann, dass ein anderer eine Aufgabe übernimmt, die für ihn in der Folge zu einer Qual werden kann. Ich weiß darauf keine Antwort.

Dr. Mengele ist völlig gestört und gefährlich. Ohne Skrupel spielt er Katze und Maus mit menschlichen Existenzen. Mengele bereitet seine Doktorarbeit vor, aber es sind die Gefangenen, die die Arbeit machen. Viele Doktorarbeiten sind auf diese Art entstanden. Eine unvorhergesehene Benutzung der Konzentrationslager.

Einige Zeit nach meiner Rückkehr vom Block 10 des Männerlagers ruft er mich zu sich, um mir zu sagen, dass ich an seinen schrecklichen Arbeiten mit Zwillingen teilnehmen soll. Auf meine Frage: »Ist dieser Befehl endgültig?«, antwortet er: »Meine Befehle sind immer endgültig.« Aber seine Umgebung lässt mich wissen, dass er später gesagt hätte: »Ich kann sie nicht zu etwas zwingen, was sie nicht tun will.«

Einige dieser Herren haben nicht allzu fundierte medizinische Kenntnisse. Es ist relativ leicht, ihnen ein X für ein U vorzumachen. Da sie andererseits keinen Wert darauf legen, dass man ihre Wissenslücken bemerkt, lassen sie mehr Sachen durchgehen, als sie wollen. Aber sie misstrauen uns sehr.

Mengele war immer misstrauisch. Eines Tages ging er nach einer Krankenvisite wütend zur Tür und schrie: »Ihre Station ist keine Krankenstation, sondern ein Sanatorium.«

Dr. König ist groß und gut gebaut, scheint zunächst normaler als die anderen, wenigstens am Anfang. Er zeigt ein gewisses medizinisches Interesse.

Sprechstunde in der Krankenstation. Um in den Krankenbau aufgenommen zu werden, müssen die Kranken vor einem SS-Arzt erscheinen. Sie gehen wie eine armselige ängstliche Herde vor ihm auf und ab. Man muss sie ihm zur gleichen Zeit zeigen wie die Krankenkarte, auf der die Diagnose und die Temperatur aufgezeichnet sind (selbstverständlich je nach Notwendigkeit gefälscht). Jetzt ist eine Frau an der Reihe, die morgens von der *Blockältesten* geschlagen worden ist. Ihre Schulter ist gequetscht. Wir schlagen zwei Tage *Schonung* vor (die Kranke kommt in diesem Fall nicht ins *Revier,* sondern ist für die entsprechende Zeit von der Arbeit befreit). Wütend lässt der SS-Arzt die *Blockälteste* kommen. Er schreit sie an, aber nicht, weil sie eine Gefangene geschlagen hat, sondern weil sie es so gemacht hat, dass diese zwei Tage nicht arbeiten kann. Dann fügt er hinzu: »Wenn sich so eine Sache noch einmal wiederholt, dann zeigen Sie das an, und man wird dem *Häftling eine sachgemäße Behandlung* angedeihen lassen.«

Eine der zahlreichen »Selektionen«. Anstatt wie üblich die Namen derjenigen aufzuschreiben, die vergast werden sollen, lässt Mengele die Nummern derjenigen aufschreiben, die nicht getötet werden sollen. Das ist grausam. Bald bekommen es die Gefangenen mit. Viele waren geflohen, als sie die unmittelbar bevorstehende Selektion bemerkten. Sie stürzen sich auf das Tor, stemmen es auf. Mengele ist einverstanden, erneut auszusuchen. Man hat sie alle in einer Baracke zusammengepfercht. Mengele zieht seinen SS-Adjutanten in eine Ecke. Sie verständigen sich offensichtlich auf ein Zeichen. Der Vorbeimarsch beginnt. Einige von den Gefangenen haben überhaupt keine Chance, dem Verdikt zu entgehen: Amputierte, Frauen mit gebrochenen Gliedern oder großen Wunden. Die Hoffnung und der Überlebensinstinkt sind mächtige Faktoren. Alle Nummern ohne Ausnahmen werden aufgeschrieben. Ich versuche, das verabredete Zeichen herauszufinden, und begreife schließlich. Mengele, den Bleistift in der Hand, senkt jedes Mal seinen Daumen, wenn es sich um ein Todesurteil handelt. Er lässt ihn oben, wenn für dieses Mal das Opfer noch am Leben gelassen wird.

Am Abend nach dieser Selektion. Der Tag ist damit vergangen, die Häftlinge vor dieser schrecklichen Sache zu bewahren. Eine zwanzigjährige Frau, hübsch, aber der Körper voller Krätze. Wir haben sie angezogen, um das so gut wie möglich zu verdecken – sie sieht niedlich aus mit ihrem roten Kopftuch. Aber unser Trick war umsonst. Sie musste nackt antreten.

Sie werden alle in einem Block eingeschlossen. Schreie wie von wilden Tieren. Abends kommen die Lastwagen sie holen. Ich horche nah an unserer Tür. Mir ist es schwer ums Herz. Ich kann meine Tränen nicht zurückhalten. Unter Wehklagen werden sie auf den Lastwagen geladen. Dann startet der Motor wieder und der Wagen fährt los. Der Lärm wird beim Vorbeifahren stärker, dann entfernt er sich. Nach einigen Minuten kommt der Lastwagen zurück, und alles fängt von Neuem an. So geht es mehrere Male. Dann ist es zu Ende, und das war's. Die Nacht kommt wie gewöhnlich, Ruhe kehrt wieder ein – jedenfalls vorübergehend, denn morgen, übermorgen, in einer Woche wird dasselbe mit anderen geschehen.

Zwischen zwei Blocks stoße ich auf einen Gegenstand: ein Schuh. Ich erkenne ihn wieder. Ich hatte ihn dieser Kleinen gegeben, die wir zu retten versucht haben. Ein einzigartiger Schuh. Ich bleibe einen Augenblick stehen, um ihn zu betrachten.

Es kommt vor, dass ein SS-Mann im Innersten einen Rest von Menschlichkeit hat. Einer von ihnen, der die Lastwagen beladen soll, ist gerührt von der Schönheit eines Jungen, den er zur Gaskammer bringen soll. Von Mitleid ergriffen, nimmt er ihn bei mehreren Transporten mit; aber am Ende führt er ihn trotzdem in die Gaskammer.

Unter den deutschen Häftlingen gibt es Reichsdeutsche und Volksdeutsche. Die Ersteren sind deutsch geboren, von deutschen Eltern, den wahren Repräsentanten der »auserwählten Rasse«. Die Österreicherinnen haben ebenfalls Anrecht auf diesen Titel. Die Volksdeutschen haben mehr oder weniger entfernte deutsche Vorfahren: Manche von ihnen wollen »zum Ursprung zurück«. Aber oft zwingen die Deutschen sie auch unter Androhung von Repressalien, deutsche Vorfahren »zu entdecken«. Reichsdeutsche und Volksdeutsche haben im Lager Privilegien, die man anderen Häftlingen nicht gewährt.

Misshandlungen

Der Abendappell ist zu Ende. Aus irgendeinem Grund wird ein ganzer Block bestraft. Er muss während der ganzen Nacht in der Nähe des Stacheldrahtzauns aufrecht stehen. Ein SS-Mann sagt zu einer Gefangenen: »Lauf«, und streckt sie mit einer Kugel nieder.

Ein anderer Block muss für unbestimmte Zeit knien.

Ein junger SS-Mann, ein Messer in der Hand. Er lässt eine Gruppe von Gefangenen vor der Mauer aufstellen. Er benutzt sie als lebende Zielscheibe. Das Messer muss in die Mauer zwischen zwei Köpfen einschlagen. Das ist ein aufregendes und höchst unterhaltsames »Spiel«.

Es scheint, dass ihnen das Frauen-Revier kein großes Vertrauen einflößt. Es gibt viel zu viel Dinge, über die man sie nicht auf dem Laufenden hält. Irka Konieczna und mir wird die Leitung der Ambulanz entzogen. Unter dem Vorwand, dass die Frauen medizinisch nicht auf der Höhe sind (überlegen Sie: aus Mangel an Medikamenten setzt man den Frauen bei Lungenentzündung Schröpfköpfe! *Barbarische Methoden,* sagte Mengele), setzen sie uns einen deutschen Häftling, Arzt mit »grünem Winkel«, vor die Nase, der der oberste Chef wird. Schwatzhaft, eingebildet, zählt er seine zahlreichen Talente und unzähligen Aktivitäten auf. Wir rechnen uns aus, dass er über hundertfünf Jahre alt sein müsste. Er schaut sich die Kranken an, gibt Befehle. Einem Arzt erklärt er, dass eine gründliche Augenuntersuchung nicht nötig ist, um eine Pupillenstarre zu diagnostizieren; er würde das bereits bei der Betrachtung des Kranken sehen. Er hält das Erstaunen des Arztes für Bewunderung und fügt bescheiden hinzu: »Klar, das ist außergewöhnlich, man muss große Erfahrung haben wie ich.« Wir wissen bald genau, dass er nicht Arzt ist, aber das bedeutet nichts, sie haben jemand Sicheren auf diesem Posten.

Sadismus rangiert bei den SS-Ärzten gewöhnlich nicht an erster Stelle. Aber er wütet auf schreckliche Weise im Rest des Lagers, außerhalb des *Reviers*. Die Ärzte machen den Eindruck von Offizieren, die ihre »hohen Nazi-Studien« gemacht haben, die sie nun anwenden.

Im Block der Deutschen wird eine kranke Französin eingeliefert. Das ist einmalig. Man muss sich darüber wundern. Sie kommt aus einem benachbarten Lager und erklärt mir, dass sie als Fremdarbeiterin in Deutschland verhaftet wurde: Sie hatte die Arbeit in der Fabrik nicht angetreten. Sie sollte unverzüglich freigelassen werden; und da sie vorübergehend etwas Fieber hatte, habe man sie hierhin zur Beobachtung geschickt. Das scheint mir merkwürdig, umso mehr, da sie weder Fieber noch irgendein Anzeichen einer Krankheit hat. Sie möchte endlich Klarheit über ihre Situation haben und wendet sich an einen SS-Arzt, der antwortet: *»Nun, die bleibt noch vorläufig hier.«* Kurze Zeit darauf holt man sie »zur Desinfektion« und um Wäsche zu wechseln. Abends erfahre ich, dass man sie durch eine Phenolspritze ins Herz getötet hat. Die Arme. Ich stelle mir ihr Ende vor. Sie, die glaubte befreit zu werden, wusste sehr gut Bescheid über diese Vernichtungsart.

Es gibt immer einen starken Gegensatz zwischen der Leitung des Reviers und der Lagerleitung. Machtrivalitäten. In diesem Punkt war Dr. Rohde unnachgiebig. Während er den Krankenbau leitete, konnten weder der KZ-Kommandant noch die SS-Frauen unumschränkt herrschen, so wie sie es wollten. Aber wir gelangen zur Epoche der dekadenten Könige. Die nachfolgenden Ärzte haben kein Interesse am *Revier,* und die Tür ist offen für Wölfe. Deshalb dringen sie ständig ein. Razzien und Durchsuchungen nach allem, was sie finden können. Eines schönen Morgens: Befehl an das ganze Krankenbaupersonal, sich in eine leere Baracke zu begeben. »Schon die Vergasung?«, denn wir sind im Juni 1944 und das wäre kein schlechtes Mittel, sich zuerst an die Gesunden zu halten. Anschließend wäre es eine Leichtigkeit, die Kranken in ihren Betten sterben zu lassen. Aber nein. Sie sind nur auf der Suche nach Schmuck, der möglicherweise noch irgendwo versteckt sein könnte.

Erst im November 1943 habe ich Typhus bekommen. Später haben mir Kameradinnen erzählt, dass die »Herren Kollegen« mich gruppenweise besucht haben; einer von ihnen hätte gesagt: »Das geschieht ihr recht, denn sie hat uns nicht gehorcht. Sie wird sterben.« Es ist wahr, dass ihr Koppel die Inschrift trägt: Gott mit uns.

Die Angst – welch mächtige Waffe

Man leert die Blocks der Jüdinnen und führt sie in die Gaskammer. Der Wagen hält vor dem Tor: Jetzt kann man aufladen. Eine Kranke nach der anderen wird gewaltsam aus ihrem Bett gerissen. Die an den Füßen gezogenen Körper kehren den gestampften Fußboden, der Kopf schlägt auf. Die *Blockälteste,* selbst Jüdin, eine vortreffliche Person, die sich im Zivilleben nie bereit gefunden hätte, auch nur irgendjemand ein Leid anzutun, muss diese Arbeit durchführen. Sie akzeptiert, sie denkt nicht einmal daran, dass eine Weigerung überhaupt möglich wäre. Folgsam lässt sie die Betten leeren, eines nach dem anderen, schnell, um keine Repressalien heraufzubeschwören.

Draußen lacht das *Sonderkommando* (des Krematoriums). Sie lachen darüber, wie die Leiber der Halbtoten auf dem Boden aufspringen. Die Armen, sie lachen zweifellos, um nicht vor »ihnen« weinen zu müssen.

In den Blocks 4, 5 und 6 gibt es nur noch Jüdinnen. Bisher waren sie gemischt, dann kam der Befehl, alle »Arierinnen« woandershin zu verlegen. Man weiß nur zu gut, was das bedeutet. Eines Morgens, im Januar oder Februar, werden sie halbnackt herausgeholt und ungefähr zweihundert Meter weiter in den Block 25 (Vorzimmer des Krematoriums) gebracht. Um sie an der Flucht zu hindern, haben sie die Krankenschwestern geholt. Zuerst haben die sich geweigert, aber unter der Drohung, selbst vergast zu werden, geben sie nach und bilden entlang des Weges eine Kette. Wir sind mehrere Ärzte und warten in einem kleinen Zimmer. Empörung, als wir die Beteiligung der Krankenschwestern mitbekommen. Aber da erklärt uns Elly Lingens, dass auch wir das akzeptieren, was vor uns passiert, und dass sich die aktive Haltung der Krankenschwestern nur in Nuancen von unserer passiven Haltung unterscheidet. Das ist wahr, sie hat völlig recht. Wenn wir mehr Mut hätten, würden wir protestieren, anstatt alles geschehen zu lassen. Ich habe mich oft gefragt, was passiert wäre, wenn man in solchen Augenblicken versucht hätte einzugreifen. Eine unnütze Geste? Vielleicht, aber es ist nicht sicher. Oft braucht es nur so wenig, um den Gang der Ereignisse zu ändern; eine einfache Geste kann andere nach sich ziehen. Aber keine von uns hat solch ein Zeichen gesetzt.

Sonntagnachmittag. Das Frauen-Orchester von Birkenau unter der Leitung von Rosés Tochter Alma (wer kennt nicht das Rosé-Quartett?), alle in gefälligen Uniformen (blaue Röcke, weiße Blusen), kommt die Lagerstraße herauf, lässt sich unter freiem Himmel nieder, im Innern des Reviers. Fröhliche Operettenmelodien ... Gegenüber, ganz nah, ein Juden-Transport. Die üblichen Szenen: Verlassen des Zuges, Auftürmen des Gepäcks, auf zum Krematorium. Wirklich, ein Lager, wo man Musik spielt, kann nicht schlimm sein. Es gibt sicherlich Mittel, sich durchzuwursteln ...

Die Angst, gepaart mit dem Überlebensinstinkt, kann liebende Mütter in ängstliche und schwache Kreaturen verwandeln. Wir haben gesehen, wie Mütter – ohne einen Schrei, ohne ein Zeichen der Verteidigung – den Abtransport ihrer kleinen Kinder im Lastwagen mit angesehen haben. Man sah nur noch, wie ihre kleinen Hände sich an der Rückwand des Wagens festklammerten, und man hörte nur noch ihre verzweifelten Rufe: »Mama, Mama!« Sie wussten, wo man sie hinfuhr.

Dann gibt es die Mütter, denen man gesagt hat, dass sie Auschwitz verlassen könnten, wenn sie in einer Fabrik arbeiten wollten – dann müssten sie aber ihre Kinder zurücklassen, sie alleine im Lager lassen, von dem sie wussten, dass es ein Vernichtungslager ist. Viele haben akzeptiert, haben diesen Ort geflohen, manchmal sind sie von ihren eigenen Kindern gedrängt worden, die ihnen sehr eindringlich gesagt haben, sie sollten gehen. Aber wie viele haben diesen Moment der Schwäche mit unsäglichen Gewissensbissen bis an den Rand des Wahnsinns bezahlt?

Probleme

Es kommt vor, dass Häftlinge entlassen werden. In diesem Fall lassen sich die Deutschen ein Papier unterzeichnen, auf dem der Ex-Häftling sich verpflichtet, das Dritte Reich nicht weiter zu bekämpfen, sondern im Gegenteil auf Seiten des Nationalsozialismus zu kämpfen, indem man dessen Feinde anzeigt. Ist unter diesen Umständen das gegebene Wort bindend? Unsere Diskussion darüber ist sehr heftig, die Meinungen äußerst geteilt. Die Mehrzahl meint, dass ein unter Zwang gegebenes Wort nicht zählt; man müsse die Gelegenheit, außerhalb des Lagers eine Aktion weiterzuführen, beim Schopfe packen, denn die Bedeutung dieser Aktion ist wichtiger als persönliche Skrupel, und niemand werde durch die Unterschrift getäuscht. Die Minderheit denkt, dass die Unterschrift nicht unter Zwang gegeben worden ist, weil man immer noch frei war, die Freilassung unter diesen Bedingungen abzulehnen, und dass ein gegebenes Wort einen absoluten Wert haben muss, unabhängig von jeder Betrachtung der Person, der man es gibt, und dass auf lange Sicht menschliches Handeln ein Gegengewicht zur unmittelbaren Aktion sein könne. Aber die arme Minderheit wird ausgepfiffen und muss die Waffen strecken.

In einem dunklen Verschlag sind wahnsinnig gewordene Frauen zusammengepfercht. Szenen der Gewalt, Schreie, wildes Treiben. Befehl an den Arzt, einen Untersuchungsbericht zu schreiben, der dem üblichen Muster entspricht.

Dieses schließt mit dem Satz: »... leidet an ... und ist nicht arbeitsfähig.« Dies wird offensichtlich mit dem Ziel des Tötens gemacht. Aber seit wann muss es ein medizinisches Zertifikat geben, um Menschen zu töten? Am verwunderlichsten ist, dass sie in Berlin wirklich Wert auf diese Untersuchung legen, genauso wie auf die Fieberkurven – sie sollen später als Rechtfertigungsbelege dienen, wenn die Zeit kommt, Rechenschaft abzulegen.

Die Weigerung, diesen Befehl auszuführen, wird als Widerstandsakt ausgelegt und wahrscheinlich bestraft. Was also tun?

Frauen mit den verschiedensten Krankheiten liegen auf dem Revier nebeneinander, was natürlich die Ansteckungsgefahr erhöht. Andererseits ist es gefährlich, sie nach Krankheitsarten zu trennen. Die Täuschung wird dann nämlich sehr viel schwieriger. Zudem bekommen Spezialabteilungen unausweichlich nach und nach eine offizielle Existenz, und das setzt die Häftlinge der Gefahr der Vernichtung aus.

So hat man beispielsweise für die offene Lungentuberkulose, die sehr zahlreich auftritt, eine Spezialabteilung im Block 29 geschaffen. Die Schreibstube lässt wissen, dass wir ihr sofort die Namen von fünfzehn Tuberkulose-Kranken geben müssen.

Niemand weiß, warum. Gefahr liegt in der Luft. Schließlich gibt die Ärztin die Namen von vierzehn Todkranken heraus. Die Fünfzehnte wäre eine Landsmännin gewesen, sie kann sich dazu nicht entschließen, und nennt an ihrer Stelle eine weniger Kranke. Verstört fragt sie sich, mit welchem Recht sie so über das Leben von Kranken verfügt. Diesmal hat sie mitgemacht, aber wenn die Rolle des Arztes darin besteht, ist dem wohl ein Arbeitskommando vorzuziehen. Sicher gibt es die häufig gebrauchte Formel: »Wenn Sie es nicht machen, werden es andere an Ihrer Stelle tun, und das wird sicher noch schlimmer sein.« Was ist diese Entschuldigung wirklich wert? Ist sie nicht in den meisten Fällen eine Illusion, die den Wunsch verdecken soll, sich um eine schwierige Entscheidung herumzudrücken?

Jüdische Kolleginnen bitten uns, ihnen einen Dienst zu erweisen und ihnen eine tödliche Spritze zu geben, wenn sie, krank, für die Gaskammer bestimmt würden. Das gleiche Problem stellt sich für Kranke, wenn sie zu diesem Zweck ausgewählt werden. Irka und ich meinen, dass wir kein Recht über Leben und Tod haben. Außerdem kann bis zur letzten Minute irgendetwas Unerwartetes geschehen.

Oftmals wird man mit derlei Problemen konfrontiert und ist bei der Lösung ganz allein auf sich gestellt, denn die absolute Gewissheit scheint es nicht zu geben.

Typhus

Einige Stunden, einige Tage bin ich klar, dann wieder im Dämmerzustand. Ich befinde mich in einer Menschenmenge, alle kleben aneinander in einer gallertartigen Masse. Ein Mann steht vor einem großen Ofen, will uns auf eine Schaufel heben und ruft: »Ich werde euch zeigen, wie man stirbt.« Die Gedanken schwimmen, man quält sich. Man hat die Empfindung des Körpers verloren und lebt ein doppeltes, dreifaches Leben: Alles ist zerstört, verschwommen, schrecklich mühsam.

Der kleine Verschlag, in dem ich mich befinde, ist überbelegt. Überall sind Menschen, auf jedem kleinen Fleckchen, sie beugen sich über verschiedene Dinge. Einige sind unverschämt. Häufig gehe ich durch die Mauer und treffe mich mit anderen. Das sind neue Qualen. Aber bald lehrt mich die Erfahrung, immer wieder durch die Mauer zurückzukehren zu meinem Bett. Geduldig warte ich jedes Mal auf diesen Moment der Befriedigung.

Aber in anderen Augenblicken verliere ich mich, weiß nicht mehr, wer ich bin. Verängstigt mache ich mich auf die Suche nach mir selbst. Meine Hand tastet den Pullover ab, den ich anhabe und den ich sehr gut kenne. Dank dieses Pullovers kann ich mich identifizieren. Ich finde es außergewöhnlich, dass ich mich selbst auf diese Weise in der weiten Welt wiederfinden kann. Wenn ich so auf die Suche nach mir selbst gehe, berührt meine Hand eine sich rasch ausbreitende Wunde am Hals. Ja wirklich, das war eine riesige Wunde, die der Großen Gemeinschaft gehörte. Diese hat sie in kleine Abschnitte geteilt und hat mir einen Teil davon gegeben, damit sie bei mir vernarbt.

Die Krankheit gehört nicht mir allein. Ich teile sie mal mit einer Frau, mal mit einem Kind. Das ist komplex und unbegreiflich. Der Bruder des Kindes wacht bei mir. Auf mir lastet eine schwere Verantwortung. Um die Last zu vermindern, habe ich dem älteren Kind ein Glas Zwetschgen für seinen Bruder versprochen. Seit der Zeit wartet es auf mich oben auf dem

Hügel mit einem Gefäß, auf dem sich ein Etikett befindet: Zwetschgen. Tiefe Qual, ohne Namen, weit wie die Welt.

Eine Frau in meinem Alter ist bei mir. Sie ähnelt mir. Dann gibt es noch eine Jüngere. Beide sind ich selbst. Wenn ich huste, habe ich Angst, sie zu stören; aber ich weiß niemals, ob sie hustet oder ich.

Ich muss ununterbrochen ohne Unterlass husten. Das ist ein Tribut, den ich einer Macht zahlen muss, die Gewalt über mich hat. Ich weiß nicht weshalb, aber ich akzeptiere es. Ein vorübergehender Moment der Beruhigung. Mein Geist ist auf die andere Seite der Mauer gegangen. Ich bemerke es mit Schrecken, denn ich habe vergessen zu husten. Ich komme ganz schnell zurück.

Ich habe das Gefühl, blind zu sein. Die Bilder von außerhalb kommen nicht mehr zu mir. Das Fieber ist gefallen, aber das Delirium geht weiter. Eine schreckliche Schlaflosigkeit. Störungen im Urteilsvermögen. Ich gifte meine Kameradinnen an. Alles ist deformiert, die Leute, die Welt, die Ereignisse …

Eine nach der anderen in unserem Verschlag wird angesteckt. Nicht weit von mir eine Kollegin. Ihr Fall schien anfangs gutartig. Im Augenblick brüllt sie immer lauter werdend einen stumpfsinnigen Satz, immer denselben. Das ist quälend und ein Zeichen des Endes.

Bei V. ist die Fieberperiode zu Ende. Ein friedliches, dümmliches Lächeln. Sie wiederholt stumpfsinnig Sätze, die sie hört. In anderen Momenten hat sie einen unsäglichen Ausdruck von Misstrauen. Das ist die Zeit, wo sie vom Verfolgungswahn gepackt wird.

Eine andere telefoniert den ganzen Tag lang mit verschiedenen Personen. Das ist lebhaft und unterhaltsam für die Umgebung.

Noch eine Kollegin wird angesteckt. Lange Zeit war es für sie eine Angstvorstellung, denn in ihrer Familie gab es Fälle von Geisteskrankheit. Nach dem Abklingen des Fiebers eine Zeit des Verfolgungswahns mit Selbstmordgedanken. Eines Abends entwischt sie und läuft zum Elektrozaun. Die Wache legt an. Ein Schuss fällt …

Bei uns gibt es eine unwahrscheinliche Menge Ratten. Sechs oder sieben besuchen uns jede Nacht. Das ist ein teuflischer Reigen. Sie sind uns so vertraut, dass wir ihnen schließlich Namen geben. Um nachts von ihnen nicht zu sehr belästigt zu werden, habe ich mir angewöhnt, ihnen einen freien Durchgang nahe bei meinem Kopf zu lassen und ihnen einen Teil des Kopfkissens als »Dorfstraße« zu reservieren.

Sie greifen sogar Frauen an, bevor diese tot sind.

Im KZ Ravensbrück[6]

Der Schornstein des Krematoriums befindet sich ganz in unserer Nähe, gerade auf der anderen Seite des Zauns. Seit einiger Zeit können wir uns während des Appells die Zeit damit vertreiben, dass wir den Fortschritt beim Bau eines neuen Schornsteins sehen, der größer ist als der alte. Das ist vielsagend. Sie beabsichtigen also massive Vernichtungsaktionen. Célina macht mit einem naiven und harmlosen Gesichtsausdruck darüber eine Bemerkung zu dem SS-Arzt Treite. Dieser lacht, ruft die *Oberschwester,* und immer noch lachend sagt er ihr: »Hören Sie einmal zu, die *Häftlinge* stellen sich doch tatsächlich vor, dass man einen neuen Krematoriumsofen baut.« Die *Oberschwester* bricht ebenfalls in Lachen aus und ruft: »Aber nein, seht doch, das ist der Schornstein für die neue Wäscherei!«

1987: Allem Anschein nach handelt es sich nicht um einen Verbrennungsofen, sondern um den Bau einer neuen Gaskammer. Im Text von 1946 ist es mir an verschiedenen Stellen passiert, diesen Ausdruck zu benutzen anstelle des zweiten, der Gaskammer. Das Erstere war das notwendige Ziel des anderen (vgl. die Zeugenaussage von Walter F. A. Jahn vor der US-Armee-Kommission betreffend die Kriegsverbrechen, Zeugenaussage vom Mai 1947).

Treite fragt mich mit verstohlenem Blick nach meiner Nationalität (als wenn er das nicht wüsste), dann aus welchem Teil Frankreichs ich komme (was er ebenfalls weiß). Immer diese beherrschte Wut, wenn sie von Neuem erfahren müssen, dass man keinesfalls zum Reich gehören will. Er weiß sehr gut, womit er mich am sichersten verletzen kann: »Frankreich? Die Franzosen? Sie sind degeneriert, sie werden niemals mehr eine Rolle in der Geschichte spielen. Sie werden die Sklaven anderer Völker sein.« Ich muss mich damit begnügen zu antworten, dass die Zukunft es zeigen wird. Aber ich würde ihm viel lieber sagen, dass abstehende Ohren und sich berührende Augenbrauen vielleicht Zeichen von Degeneration sind, aber sicherlich von geringerer Bedeutung als die große Gemeinheit eines Arztes, der einen Kollegen erniedrigt, wobei er genau weiß, dass dieser sein Leben riskiert, wenn er ihm so antworten würde, wie er es wollte.

Célina ist Polin. Er fragt sie nach ihrem Geburtsort. Antwort: »Poznań« (Posen). *»Ach! Eine urdeutsche Stadt.«* Das erinnert mich an ein Ereignis im Elsass während der Annektierung (durch die Deutschen) zwischen 1941

6 Im August 1944 wird A. Hautval nach Ravensbrück »überstellt«.

und 1944. Der Bürgermeister von G. (also ein deutscher Funktionär) hatte die Gelegenheit, nach Besançon zu fahren, kommt ganz erstaunt zurück und erzählt den Leuten: »Stellt euch vor, die Franzosen sind in Sachen Propaganda noch stärker als wir. In Besançon, dieser urdeutschen Stadt, sprechen alle Leute französisch.«

Jeden Morgen nach dem Zählappell. Ungefähr 40.000 Häftlinge strömen zur Lagerstraße. Das ist ein unbeschreibliches Gewimmel, wie Flüsse, die in alle Richtungen fließen. *Arbeitsformierung*. Alle Kommandos, eines nach dem anderen, müssen vor der Arbeitsaufseherin vorbeimarschieren.

Später gibt es hier einen richtigen Sklavenmarkt. Die großen deutschen Industriebetriebe kommen hierher, um ihre Ware auszusuchen: Das sind jene rundlichen Herren in Zivil, die den *Arbeitsführer* begleiten. Die Frauen werden untersucht und genauso wie Tiere am Schlachthof abgeschätzt. Diejenigen, mit denen ein Geschäft gemacht wird, werden beiseite gestellt. Hiebe mit dem Schlagstock, Fußtritte, abfälliges Lachen. P. springt wie ein Wilder auf eine Frau zu, die ihm missfallen hat. Es setzt Prügel. Wieder einmal wird eine Menge von Gefangenen die Herde der billigen Arbeitskräfte vergrößern, die von den Kriegsfabriken ausgebeutet werden.

Dr. Célina kann ausgezeichnet ihre Absichten vereiteln, sie an der Nase herumführen – und dies mit dem verführerischsten und naivsten Lächeln, das man sich vorstellen kann. Ihr Blick ist entwaffnend, voll reinster Absichten und wirklich unwiderstehlich. Auch Treite kann dem nicht widerstehen. Sie wickelt ihn im großen Stil ein. Glücklicherweise gibt es sie. Ich wende mich an sie, wenn ich etwas Spezielles für jemanden haben möchte. Denn ich selbst würde nie etwas von ihm bekommen. Treite verabscheut mich – wenn er ahnte, dass die Bitte von mir kommt ... Célina führt alle Kranken mit dem gleichen Lächeln vor. Sie tut so, als würde sie die ergangenen Aufträge aufschreiben. Aber Treite misstraut ihr schließlich. Danach wird eine deutsche Schwester die Anweisungen notieren. Das wird unsere Aufgabe heftig komplizieren.

Die Krankenblätter spielen eine ganz ungewöhnliche Rolle in unserem ärztlichen Dasein. Sie stehen im Zentrum unserer Bemühungen, denn sie können Vernichtung oder Rettung bedeuten, je nach dem, was sie enthalten. Man muss die Temperatur gut dosieren, sie bei denen aufschreiben, die keine haben, und bei denen weglassen, die Fieber haben. Die Ergebnisse von Laboranalysen müssen übertrieben, unterdrückt oder erfunden werden je nach Fall. Eine gefährliche Diagnose wird verheimlicht. Schließlich kennt man sich selber nicht mehr aus. Es gibt also die Notwendigkeit, zwei Arten von Krankenblättern zu führen: ein offizielles und ein wirkliches.

Im *Revier* gibt es abgestufte Verfahren, um die Kranken zu retten: ihre Verlegung in einen anderen Block, wenn der Boden zu heiß wird; Scheinentlassungen, wirkliche Entlassung einer anderen Kranken; Vernichtung der ersten Krankenblätter, wenn der Aufenthalt im Krankenbau länger als die erlaubte Zeit sein wird. Die Visite findet zweimal in der Woche statt. Die Stunden danach sind angefüllt damit, die erhaltenen Anweisungen zu verändern und neue Fieberkurven zu erstellen, um eventuelle verräterische Spuren zu verwischen.

In einem gewissen Sinn ist die Aufnahme ins *Revier* in Ravensbrück schwieriger als in Auschwitz, denn hier sind es die *SS-Schwestern*, die die Aufnahmeuntersuchungen überwachen. Aber die Erfindungsgabe der Gefangenen bei den verschiedenen, ihnen übertragenen Aufgaben umschifft die Schwierigkeiten: falsche Aufnahmeblätter, gefälschte Unterschriften usw.

Es gibt viele »Illegale« im Lager. Darunter sind diejenigen, die sich verstecken, nachdem sie für die Gaskammer selektiert worden sind; solche, die auf einen Transport hätten gehen sollen, aber heimlich geblieben sind; solche, die für tot gehalten werden; und welche, die die Nummer einer gestorbenen Gefangenen tragen. Das nennt man »schwarz« leben. Aat ist eine von ihnen. Sie ist dem Transport zugeteilt, der am 2. März nach Mauthausen abgeht. Ich sehe sie auf der Lagerstraße in dem Moment, wo sie das große Tor passieren soll. Ich bitte sie zu bleiben, indem ich das allgemeine Durcheinander ausnutze (das ganze Lager ist auf der Lagerstraße auf den Beinen). Schnell entschlossen verlässt sie die Reihen und taucht in die Illegalität unter; das ist gefährlich für sie und für diejenigen, die sie verstecken. Sie wird bis zum Ende bleiben. Zwei Tage vor der Befreiung ernennt Treite sie offiziell zur Krankenpflegerin in meinem Block. Wenn er nur vermuten würde, dass sie bereits seit zwei Monaten diese Aufgabe wahrnimmt, indem sie ihr Leben zwischen der Rolle als Kranke und ihren Aufgaben als Pflegerin teilt und die Erste spielt, sobald Gefahr in der Luft liegt …

Jeder hat seine Art, gegen die Aufseher zu kämpfen. Ich liebe besonders die leichte Art von Jacqueline. Ich lache, wenn ich daran denke. Sie macht sich über sie lustig – natürlich nicht offen. Ihr träumerischer Gesichtsausdruck erregt nicht ihr Misstrauen. Sie sieht immer aus, als würde sie schlafwandeln. Sie weiß genau, worum es geht, aber sie tut immer so, als würde sie spät begreifen, und das genau im richtigen Augenblick. Die Hand des Deutschen erhebt sich erst, wenn sie sich bereits am anderen Ende der Baracke befindet. Unvergleichlich, wie sie es schafft, Pullover, Röcke und andere Sachen aus dem Vorratslager der SS mitgehen zu lassen, denn man muss dieser und jener Kameradin, die nichts zum Anziehen hat, etwas Kleidung bringen. Es genügt nicht, diese Dinge nur zu »organisieren«, sondern man muss sie auch noch ins Lager schaffen, und die Durchsuchungen sind sehr streng. Faustschläge und Fußtritte müssen die Armseligen über sich ergehen lassen, bei denen man Diebesgut findet. Aber Jacqueline lässt sich niemals erwischen, und die Kleidung der Kameradinnen wird ein ums andere Mal besser.

Noch mehr Probleme

Dr. Winkelmann, genannt der »Henker«, beaufsichtigt in Ravensbrück die Selektionen und trägt dabei immer eine Maschinenpistole bei sich. Er kommt in Begleitung einer Schwester, die die Nummern derjenigen notiert, die er aussucht. Er macht eine »Generalvisite«, d. h. er will alle Kranken sehen (soweit wie möglich zeigt man ihm natürlich nicht alle). Momente der Angst: Wen soll man ihm zeigen? Soll man die Schwerkranken lieber liegen lassen oder ihnen raten aufzustehen? Wenn man sie im Bett lässt, heißt das, dass sie in einem sehr schlechten Zustand sind. Wenn man sie dagegen aufstehen lässt, wird diese Anstrengung sie vielleicht erschöpfen und ihren Gesichtsausdruck noch schrecklicher machen. Überdies könnten sie noch schwächer werden, und das hätte eine noch verheerendere Wirkung. Wir bereiten ein bisschen Brei mit der roten Kreide zu, die man benutzt, um den Puls auf das Krankenblatt zu schreiben. Das ist eine wertvolle Schminke. Man kann damit die blassesten Wangen einreiben. Die älteren Kranken färben sich die Haare mit ich weiß nicht welchem außergewöhnlichen Produkt. Eine nach der anderen gehen sie an dem SS-Arzt vorbei; dieser schreibt sie gleichgültig rechts oder links auf seiner Liste auf.

März–April 1945: Die Russen rücken immer weiter vor. Wir verfolgen die Fortschritte auf einer heimlich gezeichneten Karte. Mehrmals kündigen sie die Evakuierung des Lagers an. Ebenfalls mehrmals stellen wir eine Liste aller Französinnen im Krankenblock zusammen. Wir würden sie gern alle mitnehmen. Es gibt Schwerkranke darunter. Werden wir uns vielleicht im letzten Moment Handwagen organisieren können? Die Frage macht

Angst, denn letzten Endes bleiben wir nur eine winzige Anzahl von Gesunden im Vergleich zu siebzig Kranken, um die man sich individuell kümmern muss.

Aber es gibt noch eine andere Sache. Manche Kranke werden bleiben. Man wird sie nicht mitnehmen können. Aufgrund gewisser Anzeichen scheint es nicht so, dass das Lager vermint ist. Also werden sie es wohl bei der Abfahrt anzünden. Wir sind vier französische Ärztinnen. Das gesamte ärztliche Personal ist absolut einer Meinung bei der Frage: Ein Arzt hat nicht das Recht, unter welchen Umständen auch immer, seine Kranken zu verlassen. Heftige Diskussion: »Nein, ihr lasst keine Kranken zurück, sondern Halbtote. Sie sind in jedem Fall dazu verdammt zu sterben. Man muss dem Ruf derer, die noch leben, folgen, sie werden euch auf den Straßen brauchen. Eure Aufgabe liegt da!« Aber das ärztliche Personal bleibt entschlossen. Immerhin gestehen sie zu, dass nicht alle vier bleiben müssen, es genügt, wenn eine bleibt.

Aber was ist wirklich unsere Pflicht? Kann man im Namen einer Aufgabe, die man für nützlicher, unmittelbarer hält, sich der Pflichten entledigen, die einem die traditionelle Berufsehre auferlegt? Sind sie ein eitler Vorwand, oder beruhen sie wirklich auf einer Moral, die zwar brauchbar, aber auch nutzbringender ist? Darf man mit Blick auf ein fernes Ziel, das man anstrebt, schlicht menschliche Überlegungen unterlaufen?

Was sie aus uns machen

Watenstedt, ein Arbeitslager in der Nähe von Braunschweig und Hannover.[7] Die Häftlinge arbeiten in einer Munitionsfabrik. Das ist eine extrem harte Arbeit. Jeden Tag kommen sie zurück, die nackten Beine und Arme übersät mit Verbrennungen durch weiß glühende Splitter. Arbeit im Stehen, zwölf Stunden lang. Schichtdienst bei Tag und Nacht. Und ohne dass die Welt protestiert hätte, entwickelt sich folgende Monstrosität: Tausende werden damit beschäftigt, Granaten herzustellen, die ihre Landsleute töten. Es hat vereinzelte Weigerungen gegeben, auch Sabotage, aber die große Mehrheit hat mitgemacht. Verlassen von der Welt, was hätten sie auch tun können? Keine einzige internationale Konvention hatte irgendein Gewicht.

Ich bin in ein teuflisches System integriert. Es ist zwar gut, dass das Revier vergrößert wird und Kranke in großer Zahl aufgenommen werden, aber

7 Watenstedt war ein Außenkommando des KZ Neuengamme; die Häftlinge mussten in der Rüstungsproduktion für die Hermann-Göring-Werke arbeiten; heute Stadtteil von Salzgitter.

es bleibt auch die Tatsache, dass jede Kranke, die ich entlasse, aufgrund meiner Behandlung wieder ihren Posten einnehmen muss.

Das Problem stellt sich später auch in Ravensbrück. Alle Neuankömmlinge (und es gibt eine große Anzahl!) müssen von den Häftlings-Ärztinnen darauf untersucht werden, ob sie in den unterschiedlichen Industriebetrieben arbeiten können. Klar, wir nutzen jede kleine gesundheitliche Einschränkung, um eine möglichst große Zahl von Arbeiterinnen von der Liste zu streichen. Klar, in letzter Instanz entscheidet die SS die Frage. Aber trotzdem nehmen wir daran teil, und es wird immer ein beschämendes Gefühl gegenüber uns selbst bleiben.

Für alle, die es noch immer nicht glauben
Auschwitz

Allgemeiner Appell, eines der Terrorinstrumente des Lagers. Alle sind auf den Beinen, außerhalb auf der weiten Ebene. Es ist sehr kalt, es liegt Schnee, man ist kaum bekleidet. Seit dem frühen Morgen, Stunde um Stunde, ohne Essen und Trinken. Die Füße frieren, die Daumen werden starr vor Kälte, der Geist auch. Man ist nur noch eine Masse, die sich wie durch ein Wunder noch aufrecht hält. Man sollte nicht mehr denken, alles geschieht schließlich, auch das Ende des Zählappells. Endlich, endlich geht man zurück. Aber wenn wir das Tor durchschreiten, müssen wir alle anfangen zu laufen. Die Füße verweigern den Dienst, man stolpert … und alle diejenigen, die diesem »Sport« nicht mehr genügen, werden ausgesondert für den Block 25. Während des Zählappells sind mehrere Französinnen, die mit uns von Romainville gekommen waren, auf diese Art ausgesucht worden.

Manchmal, wenn die Frauen abends erschöpft, fertig und fiebernd von der Arbeit zurückkommen, lassen die Wachen sie über Gräben springen und die, die nicht mehr können, werden ausgesondert. Sie wissen zu welchem Zweck.

Dieser Block 25 ist sehr speziell. Er ist von einer Mauer umgeben. Man steckt diejenigen hinein, die zur Vergasung vorgesehen sind. Fast nichts zu trinken oder zu essen. Selbst die, die noch wohlauf sind, sterben nach wenigen Tagen. In diesen Block kommt man auf verschiedenen Wegen: Selektion im Krankenbau, Selektion der Arbeitskommandos am Abend nach der Arbeit, Razzia unter denen, die bei der Ambulanz vorsprechen, Laune eines SS-Manns … Es ist verboten, ihnen irgendetwas zu bringen. Mehrere unserer Kameradinnen sind trotzdem dorthin gegangen. Eine von ihnen, eine junge Frau, ist von einer *Aufseherin* gesehen worden, die sie schlägt und in den Block wirft. Einige Tage später muss sie mit den anderen auf den Lastwagen steigen, im Vorbeifahren ruft sie uns ein ruhiges und herzergreifendes »Adieu« zu.

Es gibt noch andere Verfahren der Vernichtung: Phenolspritzen ins Herz. Sie werden in großer Zahl ausgeführt, in der Ambulanz von einem SS-Mann. Oft handelt es sich nicht um Kranke, sondern um gesunde hübsche Mädchen, die hier hereinkommen, um einige Minuten später auf einer Bahre wieder herauszukommen.

Auch schwangere Frauen sind vergast worden, aber vorher hat man sie eingekleidet, und man hat ihnen Essen zum Mitnehmen gegeben. Sie sind nicht misstrauisch geworden.

Andere lässt man im Lager ihr Kind zur Welt bringen. Eine Hebamme ist dafür vorgesehen. Eine Deutsche, »grüner Winkel«, verurteilt wegen Abtreibungen. Die einzige Behandlung, die sie den Frauen gewährt, ist ihr Kind nach der Geburt zu ertränken. Sie wird später aus dem KZ entlassen wegen der Verdienste, die sie ihrem Vaterland erwiesen hat …

Ein Problem stellt sich nach ihrer Abfahrt: Wer wird jetzt die Neugeborenen töten? Am Anfang kümmert sich eine mit »schwarzem Winkel« darum – im Grunde kein schlechtes Mädchen. Aber bald muss man jemand anderen suchen. Die jugoslawische *Blockälteste* in dem Block, in dem sich die Wöchnerinnen befinden, verweigert ihre Mitwirkung an diesem Verbrechen. Für eine bestimmte Zeit lässt man deshalb die Kinder einfach an Entkräftung sterben. Keines entkommt ihnen. Aber die Selektionen fangen wieder an. Um die Mütter zu retten, nehmen es jetzt die Freundinnen unter den Häftlingen auf sich, die Neugeborenen zu töten.

Die Gaskammer ist eine moderne Einrichtung. Am Eingang ein Hinweisschild: »Desinfizierung«. Am Anfang gab man jedem ein Handtuch und empfahl ihm, die Sachen gut an dem Haken aufzuhängen, damit man sicher sei, sie beim Rausgehen wiederzufinden Die Tür wird hermetisch verschlossen, vom Dach her lässt man das Gas einströmen.

Vor dem Gebäude befinden sich kleine Gärtchen. Die Kinder spielen hier, während der Tod auf sie wartet.

In Ravensbrück ist die Gaskammer, die erst am Ende gebaut wurde, eine primitive Baracke. Im Fußboden des kleinen Verschlages gibt es ein Loch, das zum Keller führt, der mit Wasser gefüllt ist. Dieses Wasser ist zweifellos dazu bestimmt, das Gas zu absorbieren, wenn die Aktion abgeschlossen ist. Die Gaskammer existierte noch bei der Befreiung. Wir haben sie besichtigt.

Die Männer des *Sonderkommandos* sind an den Verbrennungsöfen beschäftigt. Manche von ihnen haben die Leichen ihrer eigenen Eltern aus der Gaskammer herausgeholt.

Herzzerreißende Schreie in der Nacht. Wir verlassen unseren Block, schleichen an der Mauer entlang, verstecken uns. Die Rufe kommen von dem Bahnsteig, wo täglich mindestens fünfzehn Transporte von je tausend Personen eintreffen, die alle direkt zur Gaskammer geführt werden: Männer, Frauen, Kinder, Greise. Aber diese Schreie? Warum? Was macht man mit ihnen? Wir können nichts erkennen, es ist zu dunkel, zudem sorgen sie immer dafür, dass ein Güterwagen zwischen den Transporten und uns steht. Wir hören nur das ungeduldige »Los, los!«. Wir erfahren den Grund erst am Morgen: Die SS hat ihnen befohlen, sich schon beim Aussteigen auszuziehen, damit es schneller geht – und die armen Leute haben begriffen.

Es ist zehn Uhr abends. Irka und ich kommen von der »Poliklinik« zurück. Wie jeden Abend ist der Himmel erleuchtet von den Feuern, die unter freiem Himmel angezündet werden, um die Unzahl von Menschen zu verbrennen, die Krematorien reichen nicht mehr aus. Schwarzer Rauch steigt aus den Schornsteinen, wälzt sich über das Lager, verpestet die Luft mit einem penetranten Gestank von verbranntem Fleisch und Knochen. Auf halbem Weg ein ungeheures Geschrei. Dann wiederholte Feuerstöße aus Maschinenpistolen. Der Transport hatte fliehen wollen, nachdem alle die Feuer gesehen hatten …

Fliegeralarm

Alle Lichter im Lager werden gelöscht. Aber wir wissen sehr gut, dass der Alarm ein Vorwand ist. Wir wissen, dass in dieser Nacht mehrere tausend Juden aus dem Lager Theresienstadt ins Gas geschickt werden. Am Abend hat man ihnen Reiseproviant gegeben, um ihnen Sand in die Augen zu streuen. Nur ganz wenige haben geahnt, worum es wirklich ging. Eine von ihnen hat uns einen Brief zukommen lassen. Die ganze Nacht hören wir, wie die Lastwagen auf der Straße vor uns rollen.

Auf der Straße ein Greis, ganz alleine. Er ging nicht schnell genug. Dann hat man in die Richtung der Verbrennungsöfen gezeigt und ihm gesagt: »Dahin müssen Sie gehen.« Er vertraut ihnen, begibt sich dorthin, eilt so schnell wie möglich, damit er nicht zu spät kommt …

Auch in Ravensbrück sind ihre Befehle immer auf eine plausible und »menschliche« Art abgefasst. Dem Anschein nach haben sie nur das Beste für die Gefangenen im Sinn, aber hinter dieser Fassade verbirgt sich eine finstere Welt von gezielten Absichten. Damit sie zum gewünschten Zeitpunkt auf eine bestimmte Kategorie von Gefangenen zurückgreifen können, stellen sie eine entsprechende Einrichtung auf die Beine. Deshalb bauen sie den *Schonungsblock* auf, der für Kranke und Greise bestimmt ist. Jeder ihrer Befehle muss genau analysiert werden aus Angst, dass ihre Absichten noch schneller verwirklicht werden können.

Im Januar 1945 wird das *Revier* angewiesen, eine Liste aller Kranken aufzustellen, die innerhalb von drei Monaten geheilt werden können. Sie werden – so sagen sie – in einem speziellen Lager untergebracht, ganz nah bei uns, nämlich dem »Jugendschutzlager« Uckermark; es liegt mitten im Wald, die Lebensbedingungen seien dort besser. Insbesondere gebe es dort keinen Zählappell, die Ernährung sei besser und die Gefangenen müssten nicht arbeiten. Aber die Nachrichten, die uns bald erreichen, sind erschreckend. Der Zählappell dauert sechs Stunden am Tag. Man hat ihnen die Mäntel weggenommen. Selektionen jeden Tag.

Mit dem Griff ihres Spazierstocks holt die *Aufseherin* diejenigen aus der Gruppe, die für die Gaskammer bestimmt sind. Das sogenannte *Revier* untersteht einer Gefangenen, die tödliche Pulver verteilt. Die Kranken werden gezwungen, sie zu nehmen. In meinem Block waren später Davongekommene aus diesem Lager. Eine hat mir die folgende Szene erzählt, an der sie beteiligt war: Eine Französin, die sich geweigert hatte, das Pulver zu nehmen, wurde in einen Raum nebenan geführt. Durch die Zwischenwand ruft sie ihrer Kameradin zu: »Jeanne, man hat mich getötet!« Danach nichts mehr.

Von Januar bis März 1945 sind sechstausend Frauen in dem Lager vergast worden, ohne die zu zählen, die vor Hunger oder an Krankheiten gestorben sind.

Szenen vom Ende in Ravensbrück

Januar 1945: Täglich Riesentransporte; Auschwitz wird evakuiert (unsere Gruppe Französinnen war bereits im August 1944 nach Ravensbrück verlegt worden). Ich treffe eine nach der anderen wieder, abgestumpft, aschfahl, übermüdet. Sie haben über hundert Kilometer Fußmarsch hinter sich. Viele, die nicht mehr folgen konnten, wurden auf der Straße erschossen. Sie können kaum noch sprechen. Sie mussten in der Kälte draußen unter Bewachung lagern. Es ist schwierig, ihnen irgendwie zu helfen oder an sie heranzukommen.

Irka ist bei keinem der Transporte. Schließlich treffe ich auf die eine oder andere, die sie vor ihrem Abmarsch gesehen haben. Sie hatte sich geweigert, mit dem Transport mitzukommen. Mehrere Frauen erzählen mir, dass das Lager vor dem Abmarsch angezündet worden ist. Ein SS-Mann hätte es ihnen erzählt. Andere sagen, das Feuer von Weitem gesehen zu haben. Eine Dritte erzählt, dass ein Kommando sich im Lager versteckt hätte. Ein SS-Mann, der sie entdeckt habe, hätte ihnen gesagt: »Wenn ihr am Leben bleiben wollt, dann flieht so schnell wie möglich.« Trotzdem kann ich im Grunde meines Herzens nicht glauben, dass Irka etwas passiert ist. In der Tat, ich werde später wissen, dass das KZ Auschwitz nicht in Brand gesteckt wurde, jedenfalls nicht ganz. Sie haben es wohl so gemacht wie in Ravensbrück: Sie haben Minen um das ganze Lager gelegt, die, wenn sie explodiert sind, begrenzte Brände ausgelöst haben.

März 1945: Die Selektionen werden jetzt in immer schnellerer Folge durchgeführt. Sie können den Vormarsch der Russen nicht mehr verheimlichen. Alle Kranken werden deshalb umgebracht. Wir wissen nicht mehr was tun. Ich bin verzweifelt. Ich hoffe, dass vielleicht andere die Lage klarer einschätzen können als ich und wende mich an einige, die aufgrund ihrer Position oder ihres Charakters eine klarere Einschätzung haben könnten. Aber auch sie sehen keinen Ausweg aus der jetzigen Situation, oder vielmehr nur einen: die allmähliche Tötung aller Kranken bis zur Letzten. Und wir sind absolut unfähig, diesen Schrecken aufzuhalten.

April 1945: Transporte des Roten Kreuzes wechseln mit Selektionen ab. Man holt die Kranken mal für jene, mal für diese ab. Wir wissen nicht mehr, woran wir uns halten sollen. Handelt es sich wirklich um eine Evakuierung durch das Rote Kreuz oder ist es nicht wieder einmal nur ein Vorwand?

Der Gefangenenaustausch vom 5. April aber ist echt. Mit einem Mal wird das menschliche Leben neu bewertet. Das Lagergerücht sagt, dass für den Austausch ein Jude vier, sechs oder selbst zehn Deutsche wert ist. Die Aktien steigen. Kurze Zeit vorher hatte die Lagerführung jeden Krankenbau angewiesen, eine Liste aller Jüdinnen zusammenzustellen, damit man ihnen ein Päckchen geben könne (in den letzten Tagen hat die Lagerführung in der Tat zum ersten Mal Päckchen des Roten Kreuzes an die Gefangenen ausgeben lassen). Trotzdem ist dieser Befehl mehr als verdächtig. Deshalb geben wir ihnen die Namen der Jüdinnen nicht. Aber wir erfahren, dass einige Jüdinnen in der Tat Päckchen empfangen haben. Unsere Blockälteste stellt diesmal ganz schnell die Liste zusammen. Sie hatte in der Verwaltung zu tun gehabt und erzählt mir ganz aufgelöst von einer Unterhaltung zwischen zwei SS-Führern, die sie mitbekommen hat. Diese hätten über die Verteilung der Päckchen gesprochen und hinzugefügt: »Das ist das beste Mittel, um sie zu kriegen.« Zweifellos hat ihnen die Zeit gefehlt, um in diesem Fall ihre Vernichtungsabsicht in die Tat umzusetzen.

Es ist Sonntag. Vor ein paar Tagen hat es eine Selektion gegeben. Nachmittags der so gefürchtete Lärm des Lastwagens, der die selektierten Kranken abholt. Ich verschwinde. Die *Blockälteste* nimmt die Liste, ruft eine nach der anderen auf und lässt sie auf den Wagen steigen. Sie glaubt, dass sie ihnen so die letzten Schläge und Prügel ersparen kann. Niemand kann sagen, welche der beiden Handlungsweisen die »richtige« war. Eines ist aber sicher: Die Blockälteste hat viel Mut und Umsicht gezeigt.

Ich muss am Abend wieder in den Block zurück, aber ich wage nicht, in den Krankensaal zu gehen. Ich habe Angst. Die leeren Betten werden mich anstarren. Schließlich nimmt am nächsten Morgen meine Krankenpflegerin all ihren Mut zusammen, entschließt sich hineinzugehen, kommt aber sofort zurück und sagt mir ganz fröhlich: »Unsere Kranken sind fast alle noch da!«

Ich springe auf und stelle fest, dass es wahr ist. Schnell lasse ich einige von denen rauskommen, die ausgewählt worden waren. Den anderen, die nicht aufstehen können und im Saal liegen bleiben, sage ich, nur dann zu reagieren, wenn die Krankenpflegerin oder ich selbst ihren Namen aufrufe. Sie begreifen. Und ich selbst begreife jetzt, dass man das Recht zu kämpfen hat, ohne sich um die Furcht zu kümmern, sie einem noch schrecklicheren Tod auszuliefern; nämlich durch die Explosion von Minen bei lebendigem Leibe zu verbrennen.

Dr. Winkelmann mit seiner Maschinenpistole. Also wieder eine Selektion. Da ich noch mit Rote-Kreuz-Transporten rechne, erstelle ich nur eine Serie von Krankenblättern, und zwar authentische. Ich lege sie ihm vor und versichere ihm, dass ganz bestimmt eine gute Anzahl Kranker bald den Krankenbau verlassen könne. Schließlich selektiert er eine junge Gefangene und lässt die Schwester, die ihn begleitet, das Krankenblatt holen. Ich gehe aufs Ganze und sage ihm, dass dieses junge Mädchen bald wieder gesund ist. Und tatsächlich streicht er sie von der Selektionsliste und gibt mir ihre Fieberkarte zurück. Er sagt zu Dr. Trommer, der unterdessen dazu kommt: *»Hier ist alles in Ordnung.«*

Vor Kurzem sind zwei neue SS-Schwestern im Lager angekommen. Eines Tages übermitteln sie mir den Befehl, eine Krankenliste für einen

Rote-Kreuz-Transport zu erstellen. Ich weigere mich, indem ich sage, dass es sich in Wahrheit um eine Selektion für die Gaskammer handele. Große Empörung ihrerseits. Sie gehen türenschlagend und drohen, mich anzuzeigen. Nach kurzer Zeit kommen sie zurück, bestätigen die Vergasung der Gefangenen, sagen aber, dass sie das nicht gewusst hätten. Eine sagt entschlossen zur anderen: »Komm, wir wollen klauen für sie.« Und in der Tat bringen sie mir in ihren Schürzen eine Menge Medikamente.

27. April: Dauernd Transporte, Transporte ... Marie-Claude stellt die Verbindung zwischen uns und der Außenwelt her: Die Nachrichten widersprechen sich von Minute zu Minute. Eine Polizistin kommt ans Fenster und sagt uns: »Beeilen Sie sich. In zwei Stunden sprengen sie das Lager in die Luft.« Ich bin zornig: So eine dumme Person! Aber die Kranken bleiben ganz ruhig. Nicht das geringste Anzeichen einer Panik!

Abends um 6 Uhr gibt es keine SS mehr im Lager. Wir sind »freie Republik« bis zum 29. April, an dem die Russen ins Lager kommen.

Die Befreiung

Wenn der Herr die Gefangenen Zions erlösen wird, so werden wir sein wie die Träumenden. Da wird man sagen unter den Heiden: Der Herr hat Großes an ihnen getan! Der Herr hat Großes an uns getan; des' sind wir fröhlich.
Psalm 126

Ich werde nichts über die Befreiung sagen. Dieser Übergang von der Nacht zum Licht kann nicht mit Worten ausgedrückt werden. Später, wenn das Leben wieder menschliche, wenn auch oft enttäuschende Züge angenommen hat, wird es zweifellos gut sein, sich manchmal daran zu erinnern, dass man das unendliche Privileg gehabt hat, dergleichen Augenblicke zu erleben, und dass dieses Privileg die Verpflichtung begründet, an ein noch immer mögliches Wunder zu glauben und dafür zu streiten.

Ich werde auch nichts sagen über den Moment, als wir zum ersten Mal das Gittertor durchschritten haben, und auch nichts über unsere ersten Ausflüge in den nahen Wald.

Ich habe die Marseillaise auf dem Klavier der Oberschwester in ihrer Villa außerhalb des Lagers gespielt. Allein das wiegt zehn Jahre KZ auf, und ich habe nur drei gehabt.

Symbole der Befreiung: Schon in den ersten Stunden hat das medizinische Personal des Krankenblocks eine ganze Reihe von Weckern »organisiert«. Sie werden auf dem Tisch aufgereiht, von einem großen Wecker über die verschiedensten Formate bis zu einem »Damenwecker«. Ich empfinde eine tiefe Genugtuung bei ihrem Anblick. Nachts – denn die Befreiung kennt Schlaflosigkeit ebenso wie die Gefangenschaft – betrachte ich sie mit Wohlwollen, fast mit Rührung. Nachdem wir während all dieser Jahre außerhalb der Zeit gewesen sind, scheint es, dass wir jetzt Herren der Zeit geworden sind dadurch, dass wir diese gehorsamen Instrumente in der Hand haben. Folgsam gehen die Zeiger vor und zurück, so wie ich es will. Auf diese Weise können wir auch unser Leben regeln und das ausführen, was wir zu tun beschlossen haben. Keine quälenden und unlösbaren Probleme mehr. Alles ist klar, hell, voller Licht. Kann das Leben wirklich so einfach, so klar sein?

Einer meiner ersten Schritte führt mich natürlich zur Apotheke. Mein Gott, wie sich alles geändert hat! Wie durch die Berührung mit einem Zauberstab haben sich die Gesichter geöffnet, man wird mit Lachen empfangen. Instinktiv blickt man in das Hintere des Zimmers, sucht hinter dem Tisch den strengen Blick von *Schwester Erika*. Aber nein, das ist ein Irrtum. Statt des herablassenden Satzes: »Ich kann Ihnen keine Medikamente geben«, sucht die jetzige Apothekerin (sie war Häftling und hat den Dienst auf der Stelle übernommen) in allen Schubladen und bedauert, wenn sie uns nicht ganz zufrieden stellen kann. Man sucht sich selbst die gewünschten Medikamente, erteilt Aufträge …

Und die Flure des *Reviers!* Sie sind heller geworden durch die Abwesenheit der SS und der *Schwestern*hauben. Vergeblich versucht man eine Verbindung zwischen diesen beiden Welten herzustellen.

Mitten in diese Freude erreichen uns Stimmen von außerhalb. Nicht weit von uns befindet sich das Männerlager in einem unbeschreiblichen Zustand, selbst für uns, die wir immerhin eine ganze Menge gewöhnt sind. Alle, die noch einigermaßen gehen konnten, sind geflohen. Geblieben sind einige hundert Halb-Tote, ohne Möglichkeit der Versorgung mit Wasser, Lebensmitteln und Pflege. Drei Ärzte, die natürlich nicht allein die Situation meistern können, rufen uns zu Hilfe. Man beschließt, alle Kranken – nach Bad und Entlausung – etwa einen halben Kilometer in die SS-Unterkünfte zu verlegen, die man herrichten wird. Das ist eine Herkules-Arbeit. In Fürstenberg haben wir vierzehn französische Kriegsgefangene getroffen. Marie-Claude stellte sie bei uns ein. Sie tun ihr Mögliches, gehen aber nach 48 Stunden wieder. Wir können ihnen deswegen nicht böse sein. Sie sind an diesen schrecklichen Anblick der Konzentrationslager nicht gewöhnt. Um das aushalten zu können, braucht man mehr als Mut. Den zeigen zwei belgische Offiziere aus einem Kriegsgefangenenlager der Umgebung, die, wie von der Vorsehung geschickt, nach Ravensbrück gekommen sind. Für mehrere Wochen und unter absolut unwahrscheinlichen Bedingungen nehmen sie die Organisation und Ausrüstung des Männerlagers in die Hand. Ende Mai sind die schlimmsten Momente überstanden. Dann kommen auf ihren Hilferuf holländische und französische Ärzte und Krankenpfleger aus dem Lager Neubrandenburg zu uns, um uns ihrerseits Hilfe zu leisten.

Ihnen allen drücken wir unsere tiefe Dankbarkeit dafür aus, dass sie ihre eigene Rückkehr auf diese Weise aufgeschoben haben.

Die russische Lagerleitung ist charmant, aber schwach. Der »Major« ist unfähig, Zivilbevölkerung auf die Beine zu stellen, die uns helfen soll. Das gleitet ihm aus den Händen. Aber er ist unglaublich liebenswürdig und milde. In der Unterhaltung liebt er orientalische Abschweifungen. Bevor er drängende aktuelle Probleme bereden kann, muss er erst von der Sintflut, von dem König und den Propheten sprechen. Der holländische Offizier, der gekommen ist, um sich über die Hilfe schlüssig zu werden, die er dem Lager zukommen lassen könnte, sitzt wie auf glühenden Kohlen. Seine niederländische und militärische Bündigkeit passt schlecht zu dieser Weitschweifigkeit. Er weiß erst nach einigen Stunden, ob man seine Hilfe wünscht oder nicht. Wirklich, diese Menschen aus dem Westen haben keine Zeit. Können sie nicht in Ruhe die süßen Seiten einer Konversation mitten in Rauchschwaden genießen?

Glücklicherweise ist der Nachfolger des Majors realistischer. Ein sehr feiner Mensch. Einfacher und herzlicher Empfang.

Dagegen mag ich die russischen Soldaten in Zivil, die die Lagerpolizisten sind, überhaupt nicht. Sie können sehr unangenehm sein. Das trifft auch für viele russische Krankenschwestern zu, deren Gewöhnlichkeit und deren Mangel an Berufsehre peinlich sind. Ihre Umgangsformen erinnern manchmal an diejenigen der »schwarzen Winkel«, auch in Bezug auf die Moral.

Der russische Oberst hat sich mit wirklicher Hingabe der Reorganisation des Lagers gewidmet. Besonders bezüglich der Versorgung mit Lebensmitteln hat er das Unmögliche geschafft. Manchmal musste man sie aus mehr als tausend Kilometer Entfernung herbeischaffen lassen. Die Nahrung ist immer ausgezeichnet gewesen. Für die Kranken gab es besondere kräftigende Mahlzeiten. Unter den Frauen hat es nach der Befreiung sehr wenige Todesfälle gegeben.

Jeden Tag machen die Russen Razzien unter der deutschen Zivilbevölkerung und bringen sie zum Lager, um sie dort arbeiten zu lassen. Wir brauchen dringend Hilfe. Es ist richtig, dass sie ihre Arbeitskraft benutzen, um das wieder aufzubauen, was ihre Landsleute zerstört haben. Die Frauen werden auf der Lagerstraße an demselben Platz zusammengeführt, wo früher der »Aufmarsch« für die Zwangsarbeit stattfand. Ich gehe also zum »Markt« und wähle die aus, die wir brauchen. Aber ich bin danach nicht sehr stolz auf mich. Auch wenn die Schläge und Beleidigungen fehlen, ist es eine Wiederauflage des Sklavenmarktes ...

Ich habe noch nicht von Dr. Antonina gesprochen, einer russischen Ex-Gefangenen. Unser erstes Zusammentreffen im Lager während der Gefangenschaft war eher frostig verlaufen, denn die Tatsache, dass ich deutsch sprechen konnte, hatte sie misstrauisch gemacht. Jetzt ist sie die Lagerleiterin. Ich treffe sie wieder hinter demselben Schreibtisch, wo mich vor einigen Tagen noch der *Schutzhaftlagerführer* empfangen hat. Anscheinend gibt es manchmal einen gerechten Ausgleich.

Die Reorganisation des Lagers ist keine leichte Aufgabe. Deshalb glaube ich schließlich, dass Antonina über irgendwelche Zauberkünste verfügt. Sie findet Mittel und Wege, sich persönlich um eine Menge von Details zu kümmern, die das Leben der anderen angenehmer gestalten könnten. Vor allem ihretwegen konnte unsere Rückkehr unter den bestmöglichen Bedingungen vor sich gehen. Sie hat alles geglättet und erleichtert. Ich bin zufrieden bei dem Gedanken daran, dass ihre nächsten Freundinnen im Lager Französinnen gewesen sind.

Wir sind umgezogen. Die russische Lagerleitung hat gemeint, dass der jetzige Platz nicht günstig für die vollständige Genesung der Kranken ist. Als einzige Alternative: die Baracke gegenüber. Trockener Boden, durchsetzt mit kohlehaltigem Staub. Zuerst wollten wir ein saures Gesicht darüber machen. Noch ein Umzug! Aber es war der Mühe wert. Wir sind jetzt mitten im Wald, auf dem Gelände des Lagers Uckermark.

Wir haben ein Klavier im »Bücherhaus« aufgetrieben. In dieser Baracke hat die SS eine unglaubliche Menge von Büchern gestapelt, die sie in allen Ländern gestohlen hat. Hier gibt es auch ungefähr fünfzig Klaviere. Um der Musik andächtig, wie es sich gehört, lauschen zu können, brauchen wir unbedingt einen Diwan. Aber, wo ihn finden?

Pani Socza, Aat und ich stehen vor einem Häuschen am Lagereingang. Ein Diwan steht vor der Haustür ... Blitzschnelles Augenzwinkern, und ohne ein Wort, gleichzeitig, nehmen wir ihn und verdrücken uns. Sobald wir uns in Sicherheit fühlen, stellen wir ihn ab und brechen alle drei in unbändiges Lachen aus. Um unser Verhalten zu entschuldigen, sage ich:

»Das ist ›organisieren‹«. Aber Pani Socza meint kategorisch: »Nein, das ist Diebstahl!« Ob nun Organisieren oder Diebstahl – wir sind stolz auf unseren Diwan. Die Freude, die wir beim Benutzen empfinden, wird noch gesteigert durch die Umstände, unter denen wir ihn ergattert haben.

O weh, wir haben noch einen langen Weg vor uns, bevor wir wieder ehrbare Bürgerinnen werden!

Wann endlich wieder in Frankreich?

Die Rückführung nach Frankreich ist die brennende Frage. Sie ist dringend, denn das Leben von vielen hängt davon ab. Wiederholt haben wir durch Vermittlung von Personen, die in Ravensbrück Station gemacht haben, die französische Regierung alarmiert. Schließlich entscheiden zwei französische Offiziere aus Neubrandenburg, die Leutnants d'Astier und Chapmann, die Rückführung der Gefangenen aus westlichen Ländern in die Hand zu nehmen, und zwar im Namen der »provisorischen Regierung der Republik (Frankreich)«, denn sie sind überzeugt davon, dass offiziell nichts für uns getan wird. Diese Initiative ist nach Schwierigkeiten schließlich erfolgreich. Wenigstens die Gesunden können heimkehren, aber für die Kranken wird es jetzt schwieriger.

16. Juni 1945: Es gibt überhaupt keine Hoffnung mehr. Alle Möglichkeiten, Lastwagen zu bekommen, sind ausgeschöpft. Marie-Claude kommt im Sturmschritt herein: »Was sagt dir deine Johanna von Orleans? Man bietet uns einen flachen Wagen mit einem Pferd an. Willst du unter diesen Umständen die Rückführung der Kranken versuchen?«

Meine Johanna von Orleans – wie die ihrige – meint, dass alles besser für die Kranken ist als dieses nervenzerrende Abwarten. Pani Socza, immer zu einem Scherz aufgelegt, fühlt sich von dem Vorhaben inspiriert und zeichnet gleich eine Karikatur.

Aber die Ladeflächen kommen nicht an. Schließlich verspricht man uns Lastwagen, die uns bis zur russisch-amerikanischen Demarkationslinie bringen sollen. Aber auch sie existieren nur in der Fantasie.

Sonntag, 24. Juni: Überraschende Wendung. Eine französische Delegation kommt, um alle Franzosen zu holen, aber leider ausschließlich Franzosen. Krankenwagen bringen sie nach Berlin, und von da nehmen sie das Flugzeug.

Morgen Abend werden sie in Paris sein! Das lässt uns träumen. Um die Abfahrt von nichtfranzösischen Schwerkranken zu ermöglichen, fälschen wir ein bisschen die Nationalität von einigen. Die verständnisvolle Delegation schließt die Augen. Früh am nächsten Morgen fährt ein Wagen nach dem anderen ab. Geneviève und ich schauen uns an: Jetzt repräsentieren wir zwei als Einzige in diesem Land das süße Frankreich. Welche Verantwortung! Wir richten uns darauf ein, noch einige Monate hierzubleiben, denn wir haben keine neue Nachricht von Leutnant Chapmann, dem es sicherlich unmöglich ist, uns welche zu geben.

Aber noch am selben Abend bittet mich jemand, zum Kommandanten zu kommen. Überraschend treffe ich dort Chapmann, der völlig verblüfft über den Verlauf der Ereignisse ist. Er hat Lastwagen mitgebracht. Die Rückführung der verbleibenden westlichen Kranken (Holländerinnen, Belgierinnen, Spanierinnen) und des Pflegepersonals wird für den nächsten Morgen beschlossen. Diese Rückkehr ist noch epischer, als sie sich Pani Socza mit ihrem Humor vorgestellt hatte. Wenn sie daran hätte teilnehmen können, dann hätte sie noch ein paar zusätzliche fröhliche Karikaturen zeichnen können. Nach einer kurzen Fahrstrecke hält der Lastwagen an. Deutsche Frauen verlangen aufzusteigen. Als sie erfahren, dass es ein Heimkehrer-Transport ist, rufen sie: »Gefangene Frauen in Deutschland?! Das ist nicht möglich!« Das geschah am 26. Juni 1945, etwa fünfzig Kilometer von Ravensbrück entfernt.

In Lübeck müssen Aat und ich auf unsere Flugzeuge warten, die uns nach Holland bzw. Frankreich bringen sollen. Um uns die Zeit zu vertreiben, begeben wir uns in den Dom. Wir kommen gerade während der Predigt an, die der Bischof selbst hält. Er bittet um göttliche Unterstützung für seine Gläubigen. Aber er scheint nicht zufrieden mit den augenblicklichen Entscheidungen ihres Gottes, denn der Gott, an den sie gewöhnt sind, ist immer mit ihnen einverstanden. Mit heftigen Worten erhebt er sich gegen die Ungerechtigkeit, die einem unschuldigen Volk ein hartes Besatzungsregime durch ausländische Armeen auferlegt. Er ruft: »Wir sind unschuldig!«

Während der Befreiung haben die (deutschen) Zivilisten, die zwangsverpflichtet wurden, um uns im Lager zu helfen, zunächst eine Heidenangst und sagen uns ängstlich: »Wir sind es nicht gewesen, nein, wir sind es nicht gewesen.«

Ich werde genau diesen selben Satz einige Monate später wieder hören. Deutsche Kriegsgefangene sprechen ihn aus.

Eine ganze Nation, die nur aus Nichtverantwortlichen zu bestehen scheint, angefangen bei denen, die man für das Gewissen eines Volkes hält …

Schlussfolgerungen

»Das aktuelle Europa?« Ich will meine Gedanken in Form eines Gleichnisses ausdrücken. Ein Gentleman wird von einem Taugenichts beleidigt. Er beachtet ihn nicht. Die Beleidigungen werden heftiger. Der Gentleman antwortet noch immer nicht. Der Strolch beginnt, ihn zu schlagen. Die Schläge werden härter und härter, schließlich krempelt der Gentleman seine Ärmel hoch und beginnt seinerseits zu schlagen. Der Kampf ist hart. Der Gentleman ist Sieger, aber er hat mit den Waffen des Taugenichts gesiegt und hat diese behalten (frei nach einem Interview von Denis de Rougemont im Radio Lausanne).

Genau das hat die »zivilisierte« Welt getan.

Die Nationalhymne »Deutschland, Deutschland über alles« stammt ja nicht von gestern. Die Herrschsucht und das Überlegenheitsgefühl sind auch von den Regierungen vor dem Nationalsozialismus kultiviert worden. Der übersteigerte Nationalismus hat mit diesem einen Höhepunkt erreicht, der bis zum Extravaganten und Lächerlichen geht. So verkündete die deutschsprachige Ausgabe von France de l'Est [Ost-Frankreich] in ihrer Nummer vom 30. Januar 1934 unter der Überschrift »Elsässischer Brief«:

Franz von Wendrin, ein großer Nazi-Autor, dessen Werke vom preußischen Kultusminister für die deutschen Gymnasiasten empfohlen werden, hat den Ort entdeckt, wo sich das Paradies befand ... Er hat über seine sensationelle Entdeckung ein Buch geschrieben, das, so sagt der preußische Kultusminister, besser als jedes andere den Oberstufenschülern als Einführung in die Geschichte der deutschen Rasse dienen kann.

Nach einer Studie über das Alter des Großen Bären sieht sich Franz von Wendrin auch imstande zu präzisieren, dass die Ankunft der Germanen in Deutschland auf eine Zeit vor 200.000 Jahren zurückgeht und dass folglich die Germanen als das erste und einzige Kulturvolk der Erde betrachtet werden müssen.

Und das Paradies, werden Sie sagen.

Hier ist die Erklärung. »Die Aufgabe ist mir zugefallen ...«, schreibt Franz von Wendrin. »Ich musste das Paradies selbst wiederfinden. Nach langen und gründlichen Recherchen konnte ich schließlich unwiderlegbar beweisen, dass Deutschland das Paradies der Bibel ist und dass unser geliebtes Vaterland das wahre Heilige Land ist.«

Die elsässische Zeitung fährt fort: *Warum hat man das nicht früher gefunden? Wieso kommt es, dass man nicht seit langer Zeit begriffen hat, dass das Paradies sich nur in Deutschland befinden konnte und dass Adam der erste Mensch, also ebenfalls der erste Germane sein musste?*

Klar! Wenn sich das Paradies im Orient befunden hätte, dann hätte Eva Adam eine Banane oder eine Dattel angeboten. Der Apfel, in den unser aller Vater gebissen hat, konnte nur ein guter deutscher Apfel sein …

Und wir Elsässer haben nicht die unendliche Ehre zu schätzen gewusst, im deutschen Paradies zu leben, und haben dem »Heiligen Land« Frankreich das Reich Luzifers vorgezogen …

1987: Die Fortsetzung meines Manuskripts, 1946 kurz nach meiner Rückkehr geschrieben, enthält harte Urteile.

Ich finde Sätze über die Deutschen wie diesen hier: »Und die Welt, die vor Angst erstarrt war, hat Zurückgebliebenen erlaubt, mit Streichhölzern zu spielen.«

»Aus einem echten Wunsch nach Frieden möchten manche Leute eine ›Versöhnung‹ mit dem jetzigen Deutschland. Nein! Die Deutschen sind unfähig, diesen Wunsch nach Verständigung in seinem Wert zu begreifen, und würden ihn für ein Zeichen von Schwäche halten. Sie können nur dann in die menschliche Gemeinschaft aufgenommen werden, wenn sie, die Übermenschen zu sein glaubten, wieder einfach Menschen geworden sind.«

Ein vorschnelles Urteil, das ungerechterweise ein ganzes Volk verdammte, ein Urteil, das ohne Zweifel durch all das erklärbar ist, was wir gerade erlebt hatten.

Der Nationalsozialismus ist nicht spontan in einer Generation entstanden. Er ist eine teuflische, systematisierte, hypnotisierende Synthese aus trüben Seiten der menschlichen Natur, die in uns allen vorhanden sind. Er hat verstanden, alle Arten von Fremdenfeindlichkeit aufs höchste auszuschlachten, die Macht überkommener Ideen, die als wahr akzeptiert werden, weil ein ganzes Milieu sie teilt. Es ist schwierig, der täglichen Vergiftung durch Parolen zu widerstehen, vor allem wenn sie von der Regierung, der höchsten Autorität, ausgehen. Viele Menschen guten Glaubens haben sich hineinziehen lassen und viele andere werden noch in die Falle gehen. Unsere zeitgenössische Geschichte belegt, wie lebendig die Nazi-Ideologie bleibt, bei uns und anderswo, und dass sie nur auf eine Gelegenheit wartet, groß herauszukommen und die Macht zu ergreifen.

Der Sieger hat dieselben Waffen wie der Strolch benutzt und hat sie behalten …, wo es doch Waffen von anderem Wesen gibt, die auf andere Art wirkungsvoll sind. Wann wird unsere Menschheit die notwendige Reife besitzen, um das zu begreifen?

Die pseudomedizinischen Versuche im Block 10 in Auschwitz

Das KZ Auschwitz in Oberschlesien bestand in Wirklichkeit aus verschiedenen Lagern für Männer und Frauen. Das Stammlager für die Frauen befand sich in Birkenau, einige Kilometer von Auschwitz entfernt. Es war auf einem extrem ungesunden, sumpfigen Gelände gebaut worden, wo, so sagt man, 20.000 bis 80.000 russische Gefangene begraben liegen (die Zahl schwankt). Die Baracken für die Häftlinge waren entweder Steingebäude, primitiv und hastig hochgezogen, der Boden aus gestampfter Erde, die sich bei Regen in Schlamm verwandelte, oder Holzbaracken, die ursprünglich für Pferde bestimmt waren, wie Aufschriften im Inneren belegten.

Die SS hatte einen Frauenblock eingerichtet, der ausschließlich für Versuche bestimmt war, und zwar nicht in Birkenau, sondern in Auschwitz im Männerlager. Das war der berühmt-berüchtigte Block 10. Niemand wusste genau, was sich hier tat. Man sprach von verschiedenen Versuchen, Sterilisationen von jungen Frauen. Nichts drang nach außen. Das Geheimnis wurde eifersüchtig bewahrt.

Es war kurze Zeit nach unserer Ankunft in Birkenau. Die unglaublich ungesunde und verseuchte Luft, in der man lebte, besiegte bald auch Menschen mit robuster Verfassung. Typhus, Ödeme – die Glieder werden elefantenmäßig groß –, ausgedehnte Flächen mit Wundbrand, unheilbare Geschwüre, nicht enden wollender Durchfall. Nachdem ich einige Zeit als Ärztin in einem Block mit kranken deutschen Frauen gedient hatte, musste auch ich schließlich ins Krankenbett, weil ich als Folge von Flohstichen Geschwüre am Bein und Wundbrand hatte. Nachdem diese sich gebessert, aber noch nicht verheilt waren, taucht eines Tages der *Standortarzt* Wirths auf, der mich eindringlich fragt, »ob ich Gynäkologie machen wolle«. Worum handelt es sich? Er erklärt es mir nicht, sondern sagt nur, dass das sehr eilig ist und man sofort aufbrechen muss. »Wo?« »In Auschwitz«. Aber er stellt nicht klar, dass es sich um den Block 10 handelt. Misstrauen. Ich möchte auch aus anderen Gründen wissen, was sie dort machen, sehen, wessen sie fähig sind. Und wenn sie mich auffordern, ihre Komplizin zu sein? Meine Wunden, deren Zustand sich gebessert hat, die aber noch nicht verheilt sind, dienen mir im Moment noch als Vorwand, um mich dieser Aufgabe zu entziehen. Das Spiel ist gefährlich, ich weiß es. Ich muss mich entscheiden.

In dem Auto, das uns dorthin fährt, befinden sich mehrere andere Häftlinge. Alle sind Jüdinnen. Einige wissen, dass sie im Block 10 als »Versuchskaninchen« dienen sollen. Aber was macht das schon in der hoffnungslosen

Situation, in der sie sich befinden? Das Kind ist vergast worden, die Eltern ermordet – also dies oder irgendetwas anderes … Im Schmutz verkommen, im schwärzesten Elend, auf den Tod warten im Frost und Schlamm, in den Sümpfen oder im Block 25 – dem Vorzimmer der Gaskammer – warten, also, nicht wahr, das, was einen im Block 10 erwartet, kann möglicherweise ein Glücksfall sein.

Wir kommen an, kein Zweifel, diese Baracke mitten im Männerlager kann nur der Block 10 sein.

Es ist zwischen März und Juli 1943. Der Block, in dem wir liegen, hat eine Etage. Die Fenster sind mit Brettern verschlossen, die schräg angebracht sind, damit das Licht nur von oben hereinfallen kann. Zwei Gänge trennen den Block von den Männerblocks. Es gibt strenge Anweisung, um Männer und Frauen daran zu hindern, sich zu treffen. Aber der Wunsch ist stärker als die Verbote. Die SS-Mannschaft verlässt den Block am Abend.

Die Männer finden Mittel und Wege, um in unseren Block zu gelangen. Sie kommen durch den Keller und eine Falltür im Erdgeschoss, die wenige kennen. Dramatische Szenen in der Nacht, überstürztes Wecken, Schreie, Flucht durch die Korridore. Verliebte haben ihren Schatz verwechselt. Sehr gefährliche Situationen. Man musste streng gegen diesen Zustand angehen aus Angst, dass die SS dies nicht als Vorwand nimmt, auf ihre Weise wütet und ihren sadistischen Fantasien freien Lauf lässt.

In dem Block sind bis zu fünfhundert »Versuchskaninchen«, alles Jüdinnen unterschiedlicher Nationalität: Französinnen, Griechinnen, Belgierinnen, Holländerinnen, Slowakinnen und einige Deutsche. Im Allgemeinen kommen sie direkt aus dem Zug, der sie aus ihrem Heimatland gebracht hat. Sie sind zwar ein bisschen unruhig, haben aber nicht im Entferntesten eine Ahnung davon, was hier passiert. Sie kommen noch voller Illusionen an, begreifen ihre wirkliche Lage nicht und fordern mehr oder weniger anachronistische Dinge. Ja, am Bahnhof werden sie von den SS-Ärzten selbst aufgeteilt: Die verheirateten Frauen auf eine Seite, die jungen Mädchen auf die andere. Die älteren Frauen und die Mütter mit Kindern bilden eine dritte Gruppe: »Sie haben ›Fingerspitzengefühl‹ gezeigt und die letzte Gruppe auf Lastwagen steigen lassen, damit diese Frauen und diese Kinder nicht noch mehr nach dieser schweren Reise, die sie ertragen mussten, ermüden.« Keine Ahnung von der Realität. Nach und nach öffnen sich ihnen die Augen. Die eine oder andere bemerkt, dass sie nur durch Zufall nicht auf einen dieser verführerischen Lastwagen gestiegen ist. Zum Beispiel hat sie im letzten Moment eine Freundin aus der dritten Gruppe herausgeholt und ihr gesagt: »Aber nein, hör zu, was man dir sagt, du gehörst zu unserer Gruppe, nicht zu der da.« Grauen und Schrecken ergreift sie. Was wird mit ihnen geschehen?

Kurz nach ihrem Eintritt in den Block werden sie in verschiedene Listen eingetragen je nach den Experimenten, zu denen sie dienen sollen. Diese Herren konkurrieren untereinander und können sich manchmal nicht einigen. Mehrere wollen dieselben Häftlinge. Danach heißt es für jede von ihnen warten, was weiter geschieht. Die Atmosphäre ist von unsäglicher Angst und Furcht erfüllt. Es gibt Tage voller Panik, wo einfache Voruntersuchungen, wie Blutentnahme für eine Reaktion nach Bordet-Wassermann (Untersuchung auf Syphilis) oder kleine Ritze ins Ohrläppchen zur Bestimmung der Blutgruppe, Nervenkrisen und allgemeines Jammern hervorrufen. Der Schrecken ist umso größer, weil sie nicht wissen, worum es sich handelt, und weil sie die Bedeutung der Prozeduren nicht verstehen, die sie mit ansehen. Man muss beruhigen, bestärken und erklären, was nicht erklärbar ist.

Die Lagerleitung wird sich schließlich darüber klar, dass die »Versuchskaninchen« Gefahr laufen dahinzusiechen, da sie Tag und Nacht eingeschlossen sind, ohne Betätigung, in einer Atmosphäre von ständiger nervöser Spannung, Streitereien und nationalen Unverträglichkeiten – es gibt wenig Licht, niemals Sonne. Es wird entschieden, dass die Häftlinge täglich Spaziergänge machen, richtige Spaziergänge, ohne Hund, ohne Maschinenpistole, aber immerhin mit Revolvern, ohne Tote, die am Abend ins Lager zurückgebracht werden. Anfangs begnügt man sich damit, dass wir im Innern des Lagers bis zum Stacheldrahtzaun gehen. Außerhalb gibt es richtigen Rasen, schöne Birken mit eleganten Silhouetten, mit zartgrünen Blättern, die sich leicht im Wind bewegen. Oh, ihr unergründlichen germanischen Seelen, die ihr fähig seid, ohne Verwunderung die widersprüchlichsten Sachen miteinander zu verbinden! Später gibt es längere Spaziergänge. Ich habe selbst das eine oder andere Mal daran teilgenommen. Es tat sehr gut, und es tat unendlich weh. Man konnte sich für einige Minuten tatsächlich alleine fühlen und die flüchtige Illusion haben, jemand zu sein und frei zu sein. Es gibt das gleiche Moos wie bei uns, die gleichen Büsche, die gleichen im Wald versteckten Pfade, die gleichen Bäume. Aber es sind keine freundlichen Bäume. Fliehen? Man darf nicht daran denken.

Auf der Straße treffen wir Zivilisten, die friedlich ihre Einkäufe machen. Wir treffen auch auf Frauen mit … Hüten! Und alle diese Leute erwecken nicht den Eindruck, sich vorstellen zu können, dass es eine außerordentliche

Gnade ist, allein zu gehen und anzuhalten, wenn man es wünscht; oder dass ihr tägliches Tun im normalen Leben, das sie unbewusst vollbringen, ein außerordentliches, irreales Ereignis ist. Eines Tages machen wir einen Spaziergang in Richtung Birkenau. Wir marschieren außerhalb des Lagers, entlang dem Stacheldraht, wir sehen unsere Kameradinnen im Innern des trostlosen Lagers herumgehen. Verbot, miteinander zu sprechen. Ein wenig weiter ist das Männerlager. Es gibt einen unvorsichtigen Wortwechsel zwischen uns. Sofort werden die Männer von einem SS-Mann zur Ordnung gerufen. Sie müssen sich in einer Halle aufstellen. Man sagt, dass es Repressalien gegeben habe.

Auf dem Rückweg zeigt uns eine Gaskammer nach der anderen ihren friedlichen Anblick von gewöhnlichen niedrigen Häusern mit beruhigenden Fenstern. Sicher ist der hohe Schornstein an der Seite etwas merkwürdig. Es ist verwirrend zu sehen, bis zu welchem Punkt es ihnen gelungen ist, diesen Gebäuden einen dermaßen harmlosen Anschein zu verleihen, der geeignet ist, die Leute zu täuschen, die nicht an ihre wirkliche Bestimmung glauben wollen. Mit welchen Augen betrachten die Leute aus der Umgebung diese Gebäude?

Es gibt auch die »Nachrichtenwiese«. Dort treffen wir die männlichen Gefangenen. Die SS-Leute, die uns begleiten, schließen die Augen vor der Illegalität des Zusammentreffens und lassen es laufen. Ein polnischer Arzt stößt zu uns. Es gibt gute, bestärkende Nachrichten von einem baldigen Kriegsende (wir sind im Mai/Juni 1943!), von der Kapitulation Italiens, von geheimen Vorbereitungen des Lager-Widerstands. Wir verlangen nicht mehr, als an all das zu glauben!

Die Qualität der Nahrung und die Hygiene waren im Block 10 im Allgemeinen besser als im Frauenlager Birkenau. Die Gefangenen waren ungenügend bekleidet, hatten Hunger, konnten sich aber regelmäßig waschen. Wir mussten energisch gegen die Invasion der Läuse ankämpfen, die immer beunruhigender wurde. Das war vor allem, nachdem eine Gruppe von ungefähr hundert Jüdinnen aus dem Lager Birkenau gekommen war und nicht direkt aus dem Zug. Sie waren für »arbeitsfähig« erklärt worden, aber ihr Gesundheitszustand war mehr als bedauernswert, sie hatten ja eine gewisse Zeit in Birkenau zugebracht. Bald gab es Fälle von Typhus. Es war unmöglich, sie in der Krankenstation im Erdgeschoss unterzubringen, die war für die Experimente reserviert ... Wir mussten eine Ecke in einem der Schlafräume im ersten Stock herrichten und ihnen die notwendigen Mittel heimlich geben. Um ihre Anwesenheit weniger auffallend zu machen, hatte ich sie in der obersten Etage der Betten untergebracht. Aber die Zahl der Typhusfälle erhöhte sich natürlich. Isolierung unmöglich. Desinfektionsmöglichkeiten absolut unzureichend. Glücklicherweise wagten sich die SS-Leute – bis auf Klehr – niemals in die erste Etage.

Die Versuche im Block 10

Der erste Versuch scheint die Sterilisation gewesen zu sein: Eine ätzende Flüssigkeit wurde in die Gebärmutter injiziert, die die Verstopfung der Eileiter hervorrufen sollte. Sie wurde vorgenommen von Professor Clauberg, ein Zivilist, ein kleiner Mann mit Glatze, mit einem Tirolerhut und Stiefeln. Die Sterilisation erfolgte meist in ein bis drei Etappen – je nach dem erzielten Resultat.

Der Zeitabstand zwischen den Schritten beträgt einen bis mehrere Monate. Dem Eingriff folgen radiologische Untersuchungen, um den Erfolg der Methode zu beurteilen. Hilfskräfte sind »Pflegerinnen«, die von dem Beruf nur den Namen haben und unter den Häftlingen ausgewählt werden. Clauberg ließ sich in der Folgezeit von SS-Leuten, Dr. Goebel und dem Pfleger Buhning, helfen.

Der »Professor« bringt zu jeder Sitzung in seiner Aktentasche sein Fläschchen mit dem giftigen Produkt mit und wacht eifersüchtig darüber. Alle Versuche, die genaue Zusammensetzung des Produkts herauszufinden, sind umsonst. Manche glauben, dass es sich um Formalin handelt.

Die unmittelbare Wirkung der Spritzen ist unterschiedlich. Für viele Frauen bedeuten sie schreckliche Leiden. Es hat Fieberschübe gegeben mit offensichtlichen Anzeichen von Organ-Entzündungen. Zahlreiche Frauen müssen sich diesem Eingriff unterziehen. Selbst einige »Pflegerinnen« sind unter den ersten Opfern gewesen. Sie hoffen so sehr, dass ihre jetzigen Aufgaben sie vor einem zweiten oder dritten Experiment bewahren. Aber eines Tages erreicht auch sie der ausdrückliche Befehl, sich dem Experiment nochmals zu unterziehen. Was tun? Ich öffne schnell Ampullen mit Protonsil (einem Sulfonamid von roter Farbe) und verteile den Inhalt auf Binden, da Frauen während der Dauer ihrer Regel von dem Experiment befreit sind. Der »Professor« lässt sich täuschen, jedenfalls allem Anschein nach. Aber das nächste Mal?

Und trotzdem hat der »Professor« Erfolg. Er weiß sich zu helfen. Seine »Versuchskaninchen« haben gewisse Vergünstigungen. Sie bleiben länger im Block als diejenigen, die anderen Versuchsleitern zugeteilt sind. Letztere werden sofort nach Beendigung des Experiments nach Birkenau zurückgeschickt, wo sie eine Arbeit verrichten müssen, die sie in kurzer Zeit vernichtet. Birkenau! Man hat ihnen von dieser Hölle erzählt, sie kennen alle Schrecken. Dann ist es natürlich klar, dass alles ihnen besser als Birkenau erscheint.

Die Hoffnung, möglicherweise lebend hier herauszukommen oder verschont zu werden – denn genau das ist es, was man ihnen vorspiegelt –, ist stärker als jede andere Überlegung. Der »Professor« hat nicht die Absicht, seine Experimente auf den Block 10 zu begrenzen. Er rechnet damit, alle seine Opfer in seine Privatklinik mitzunehmen, die einige Kilometer von Auschwitz entfernt liegt. Die Gefangenen machen sich nicht bewusst, dass sie ihm dort vollständig ausgeliefert sind. Die meisten von ihnen sind unfähig, über den unmittelbaren Vorteil – das Lager zu verlassen – hinauszusehen. Und trotzdem, welche Ängste haben sie nicht alle ausgestanden! Die Ungewissheit über den genauen Charakter der Experimente, die Erzählungen derjenigen, die sie bereits durchgemacht haben mit den unvermeidlichen Interpretationen und Verzerrungen schaffen eine Atmosphäre unsäglicher Unruhe. Eine der unter ihnen umgehenden Versionen ist, dass es um künstliche Befruchtung geht. Welche schreckliche Vorstellung! Welches Monstrum werden sie zur Welt bringen? Für viele ist es fast eine Erlösung zu erfahren, dass es sich »nur um Versuche zur Sterilisation« handelt.

Andere Ärzte haben ausgesagt, dass Clauberg auch Versuche betreffend eines neuen Kontrastmittels für radiologische Untersuchungen gemacht hat, da das Jodipin immer schwieriger zu besorgen war. Diese Injektionen waren besonders schmerzhaft, denn sie wurden mithilfe einer elektrischen Pumpe gemacht, und deshalb mit extrem brutalen Wirkungen.

Eines der beklagenswertesten Experimente ist die Sterilisation von jungen Mädchen zwischen sechzehn und achtzehn Jahren mit Röntgenstrahlen. Es sind Griechinnen, meistens schwächliche Geschöpfe, deren Leiden uns empören. Diese Experimente werden von Dr. Schumann durchgeführt, einem Mann mit breiten Schultern und brutalen Gesichtszügen.

Die Bestrahlungen werden nicht im Block 10 selbst vorgenommen, sondern im Frauenlager in Birkenau, wo sich die notwendigen Apparate befinden. Jedes Mal kommen die Mädchen abends in einem erschreckenden Zustand mit Symptomen von Bauchfellentzündung zurück. Sie übergeben sich, klagen über fürchterliche Unterleibsschmerzen. Viele müssen für Wochen und Monate im Bett bleiben, haben noch lange Verdauungsstörungen, Erbrechen, vertragen das Essen nicht. Viele haben wegen der Röntgenstrahlen starke Verbrennungen und benötigen ständig Verbände. Sie sind geduldig, sie rühren an aufgrund ihrer Jugend. Man hätte ihnen gewünscht, sie von diesen Sachen fernzuhalten.

Denn ihre Leiden sind nicht zu Ende. Um das Resultat der ersten Phase zu kontrollieren, wird einige Zeit später einer der Eierstöcke entfernt, und zwar mit einem senkrechten Bauchschnitt oder mit einem waagerechten Schnitt oberhalb der Schambeines – wohl um die unterschiedlichen Fähigkeiten des Operateurs zu zeigen und obwohl dieses Vorgehen die Gefahr der Vereiterung erhöht. Die ersten Operationen lassen erkennen, dass hauptsächlich die Eingeweide bestrahlt worden sind. Nachdem er seinen Irrtum erkannt hat, führt Dr. Schumann Bestrahlungen mit niedrigerer Stärke durch. Es gibt Todesfälle, verschiedene Komplikationen, Verschlimmerungen durch Lungentuberkulose wegen fehlender vorheriger Untersuchungen, Rippenfellentzündungen, lange, endlose Eiterungen.

Nach einigen Wochen entfernt man den zweiten Eierstock. Die Eingriffe werden in immer schnellerer Folge durchgeführt, bis zu zehn in zwei Stunden. Die entfernten Eierstöcke, die durch die Röntgenstrahlen verbrannt sind, werden in einer formalinhaltigen Flüssigkeit aufbewahrt und von Dr. Schumann mitgenommen; man hört nichts mehr darüber.

Eine Gruppe dieser jungen Mädchen hat sich geweigert, sich ein zweites Mal operieren zu lassen, und hat es vorgezogen, nach Birkenau zurückgeschickt zu werden, wo man mit ihrer »natürlichen« Vernichtung rechnet. Gleich bei meiner Ankunft in Block 10 wurde ich mit einer Serie neuer Experimente vertraut gemacht, die in dieser Zeit begannen. Ich sollte Assistentin von Dr. Wirths sein. Das »Ziel« des Versuches war, durch eine kolposkopische Untersuchung (das Mikroskop wurde vor die Scham platziert) den Zustand des Gebärmutterhalses, speziell des Muttermundes vor einem Krebsbefall herauszufinden. Man untersuchte zunächst alles im natürlichen Zustand, dann verwendete man spezielle Reagenzen, wie z. B. Essigsäure und eine Jodverbindung, die man auf den Gebärmutterhals tupfte. Im Fall einer Veränderung seines Gewebes reagierte er auf das erste Mittel und nahm ein weißliches Aussehen an (Gerinnung). Bei dem zweiten Mittel dagegen gab es keine Veränderung.

Der Initiator der Versuche ist nicht Dr. Eduard Wirths, sondern sein Bruder Helmut, der sich Gynäkologe nennt. Ein Germane mit sanften, romantischen grau-blauen Augen. Die erste Sitzung hat kaum begonnen, da sagt Dr. Wirths mir, dass ich ebenfalls »Professor Clauberg« bei seinen Arbeiten unterstützen solle. Ich bin verwirrt, denn das ist eine Sache, an der ich mich nicht beteiligen will. Nachdem er gegangen ist, sondiert sein Bruder, der ohne Zweifel mein Zögern bemerkt hat, das Terrain. Er stellt Fragen und bittet um meine Meinung über die Sterilisation. Die Gelegenheit ist einzigartig. Ich denke, dass eine direkte Frage eine direkte Antwort verlangt. Ich erkläre: »Ich bin absolut dagegen.«

Gespielte oder wirkliche Überraschung darüber, dass ein Arzt Gegner einer Selektionsmethode sein kann, die den Erhalt der Rasse sichert. Ich antworte, dass dieses sehr umstritten ist und zu Missbrauch führt. Die Diskussion weitet sich aus, man spricht über Juden. Ich kann mich nicht daran hindern, ihm zu sagen, dass niemand das Recht hat, auf diese Weise über das Leben von Menschen zu verfügen. Wir behandeln sogar die Elsass-Frage. Was auch immer die Folgen sein mögen, ich bekenne, dass ich eine tiefe Befriedigung darüber empfinde, dass ich an diesem Ort die Gelegenheit gehabt habe, zu sagen, was ich denke und was mich fassungslos macht. Die unmittelbare Wirkung jedenfalls ist gutartig. Man spricht nicht mehr davon, dass ich dem »Professor« helfen soll.

Die Anlernzeit geht weiter. In Zweifelsfällen muss man so tun, als handelte es sich um offensichtliche Fälle. Wenn die Untersuchung positiv ist (positive Reaktion auf die Essigsäure), muss man den Muttermund entfernen und eine neue Öffnung herstellen. Die entfernten Teile werden in ein Labor nach München geschickt. Die mikroskopische Untersuchung soll sozusagen beweisen, dass ein Stadium vor Krebsbefall in Wirklichkeit schon krebsartige Veränderungen zeigt.

Auf den ersten Blick könnte dieses Experiment relativ harmlos und nicht offensichtlich im Widerspruch zu den Interessen der Frauen erscheinen. Das frühzeitige Aufspüren von Krebs könnte gut für sie sein. Bei näherem Hinsehen stellt sich aber heraus, dass es zwar subtiler als andere Experimente ist, diesen aber an Willkür und totaler Missachtung des Respekts vor dem Menschen in nichts nachsteht:

– Zunächst ist die kolposkopische Untersuchung ziemlich ungenau; selbst aufeinanderfolgende Untersuchungen führen nicht zu gleichen Ergebnissen. Der Auftrag zu operieren wird in allen zweifelhaften Fällen gegeben, also in Wirklichkeit selbst in solchen, die wahrscheinlich negativ sind.

– Pflicht, den Muttermund zu entfernen, wobei das einfache Abschneiden der betroffenen Stelle genügen würde.

Es ist keine Rede davon, zu heilen und die operierten »Kranken« medizinisch zu begleiten.

– Das Ergebnis der Analyse wird niemals mitgeteilt.

Meine Überzeugung steht jetzt fest: Ich kann bei der Ausführung ihrer Befehle nicht mehr mitmachen. Ich nehme die noch nicht verheilten Geschwüre an meinen Beinen zum Vorwand und teile es Dr. Wirths mit, der ohne Kommentar einwilligt. Dr. Samuel, ein jüdischer deutscher Häftling, wird in Block 10 eingesetzt. Sie geben ihm einen Passierschein, der ihm erlaubt, ohne Begleitung das Lager zu verlassen und so oft, wie er es wünscht, den Standortarzt Wirths zu sehen und ihm zu berichten, was im Block 10 passiert.

Meine Beziehung zu Dr. Samuel wird zunehmend gespannter. Er wird mit verschiedenen Operationen beauftragt; obwohl ich mich weigere, ihm in irgendeiner Form zu helfen, versucht er, mich mit Gewalt dazu zu bringen, wenigstens die Narkose zu machen.

Aus Angst lasse ich mich überreden, eine oder zwei Narkosen zu geben, aber dann weigere ich mich weiterzumachen. Ich will ein Mittel suchen, den Konflikt diplomatisch zu lösen, aber es ist zu spät. Dr. Samuel hat mich schon bei Dr. Wirths denunziert. Befragung durch ihn: »Ist es wahr, dass Sie sich geweigert haben, bei Operationen zu helfen und Narkosen durchzuführen?« »Ja.« »Warum?« »Weil es meinen Überzeugungen widerspricht.«

Dr. Samuel hat auch Silvia denunziert, eine brutale slowakische »Krankenpflegerin«, die auch gegenüber uns Ärzten sehr unverschämt ist. »Haben Sie sich über Silvia zu beschweren?« »Silvia ist jung und …« »Haben Sie sich über sie zu beschweren, ja oder nein?« »Nein.« »Sehen Sie denn nicht, dass diese Leute (die Juden) ganz anders sind als Sie?«

Ich kann mich nicht hindern zu antworten, dass in diesem Lager ziemlich viele Leute anders als ich sind, beispielsweise er selbst.

Zu meiner großen Verwunderung reagiert Dr. Wirths nicht darauf – trotz der Anwesenheit von ihm untergebenen Zeugen.

Das Verblüffendste daran ist, dass Dr. Samuel, nachdem er ihnen all die Dienste geleistet hat, die sie von ihm verlangt haben, erschossen wird. Aus welchem Grund genau?

Dr. Samuel war von der Angst und dem Wunsch beherrscht, »ihnen« zu gefallen. Er schwitzte deswegen. Für ihn als Juden war die Lage viel gefährlicher als für mich. Zudem befand sich, wie man sagte, seine Tochter im Lager. Ohne Zweifel sagte er sich, dass er sie vielleicht retten könnte, wenn er seinen Herren blind gehorchte.

Kurz nach der Denunzierung durch Dr. Samuel wurde ich ins Lager Birkenau zurückgeschickt. Man riet mir, mich eine Zeit lang zu verstecken. Deshalb wurde ich zunächst keinem Block als Arzt zugeteilt.

Eines Abends um 22 Uhr ließ mich Orly (Orly Wald war eine kommunistische Gefangene, Lagerälteste des *Reviers*) rufen. Sie sagte mir, dass eine Schreiberin (Sekretärin der Politischen Abteilung [Gestapo] der SS-Lagerführung) ihr einen Wink gegeben habe, dass ich morgen in Block 10 zurückverlegt würde, wo Exekutionen stattfinden sollten. Orly fügte hinzu: »Du musst bei den Experimenten nachgeben.« Ich antwortete, dass das nicht möglich sei. »Dann kümmere dich um nichts«, sagte sie zu mir und gab mir ein Schlafmittel. Und nichts passierte. Am nächsten Morgen kam niemand, um mich abzuholen. Bald darauf nahm ich meine Funktion im Krankenbau von Birkenau wieder auf.

Orly hat mir keine Erklärung über die Art und Weise gegeben, wie sie die Sache »bereinigt« hat. Und wenn jemand anderes an meiner Stelle in Block 10 gebracht und hingerichtet worden ist? Ich stellte ihr keine Fragen.

Lange Zeit habe ich mit niemandem über die Ereignisse an diesem Abend gesprochen, denn ich verstand nicht, was eigentlich passiert war. Wüteten die SS-Ärzte mit Verzögerung? Haben sie diese Last auf die Lagerführung abgewälzt? Wenn ja, dann mussten sie doch wissen, dass ich mich noch immer im Lager befand. Also?

Erst viele Jahre später habe ich die Erklärung gefunden: Hermann Langbein hat mir anvertraut, dass Dr. Samuel nicht nur freien Zugang zum Standortarzt Wirths, sondern auch zur Politischen Abteilung (Gestapo) der SS-Lagerführung hatte. Also Denunziation durch Dr. Samuel? Wahrscheinlich. Diesen Machenschaften hatten sich ohne Zweifel die Ärzte des Reviers widersetzt, denn sie hatten lange Zeit jede Einmischung der Lagerführung in die Angelegenheiten des *Reviers* verweigert.

1987: Vor einigen Jahren hat ein Wissenschaftler des CNRS (Nationales Zentrum für wissenschaftliche Studien, Paris), ein Soziologe, eine sehr seriöse Arbeit über die Konzentrationslager erstellt. Ich habe eines seiner langen Interviews gelesen. Erst am Schluss ist mir klar geworden, dass die befragte Person eine Kameradin von mir war, eine deutsche Jüdin, die mit uns in Birkenau gelebt hat. Im vollen Respekt vor meiner Haltung, mich den Experimenten zu verweigern, dachte sie, dass ein Kompromiss mehr wert gewesen wäre. Ich verstehe diese Sichtweise sehr gut. Ich bekenne, dass ich bei mehreren Gelegenheiten vor eine solche Wahl gestellt war, und ich fühlte mich mehr und mehr gehemmt, klar mit Verweigerung zu antworten, weil ich damit die Wirkung einer »Unruhestifterin« erzielt hätte. Aber die Diplomatie ist nicht meine Stärke. Überdies ist die Weigerung nur dann wirksam, wenn sie massiv ist.

Aber gehen wir zurück in die Zeit vor den oben erwähnten Ereignissen. In unserem Block befindet sich noch ein Laboratorium, eine Dependance des Hygiene-Instituts des Lagers Rajsko, nicht weit von Auschwitz. Dort arbeitet ein sehr fähiges medizinisches Personal, jüdische Männer und Frauen. Es sind Freunde. Ich gehe sie oft besuchen, trotz des Verbots.

Sie sind uns eine große Hilfe. Immer sind sie bereit, heimlich Analysen zu machen, die ich brauche. Diese Aufgabe ist für sie nicht leicht. Sie müssen ständig in Rechnung stellen, welche Folgen das offizielle Resultat ihrer Analysen für die Kranken haben kann. Der Leiter des Labors ist ein Häftling, ein Pole, glaube ich – ein renommierter Bakteriologe –, sehr intelligent und geistig interessiert. Sein Pessimismus ist ohne Grenzen. Er sieht uns alle als Rauch aus dem Schornstein des Verbrennungsofens entweichen, und der Rauch formt unsere Anfangsbuchstaben.

Eines Tages erscheint der SS-Arzt Dr. Weber, Leiter des Hygiene-Instituts, im Labor, greift sich einen Eimer, nimmt sich Gummihandschuhe, und bevor er wieder geht, ruft er als Erklärung: »Wenn Sie jemand fragt, wo sie sind (die Handschuhe), sagen Sie ihm, dass sie dort sind, wo sie hingehören.«

Kurze Zeit später hören wir gedämpfte Schüsse, die wir alle nur zu gut kennen. Die Erschießungen finden unter unseren Fenstern statt, auf dem Platz zwischen unserem Block und dem Block 11. Diese Hinrichtungen geschehen jetzt immer häufiger. Verschiedene Male sind SS-Leute gekommen, um unsere Fenster zu inspizieren oder besser die Bretterverschalungen vor den Fenstern, um sich zu vergewissern, dass es keine Ritzen darin gibt, die uns erlaubten, nach außen zu schauen. Aber einige Ritzen sind ihnen bei ihren Inspektionen entgangen, und wir wollen alles wissen. Wer weiß? Vielleicht wird es wider Erwarten Überlebende unter uns geben. Die Welt muss erfahren, was hier passiert ist.

Die Verurteilten werden nackt von zwei Häftlingen herangeführt mit dem Gesicht zur Wand. Drei oder vier nebeneinander. Regelmäßig wird angelegt und geschossen. Ein Vorgesetzter kommt dazu und will an dem »Spiel« teilnehmen. Aber er weiß nicht mit dem Gerät umzugehen. Alle seine Anstrengungen führen zu keinem Ergebnis. Und dieser Mensch wartet … Endlich!

Von einer Tragbahre, von der Blut tropft, werden jeweils zwei auf den Boden unter unseren Fenstern gekippt. Röcheln, Stöhnen und Wimmern steigen von dieser Masse auf. Man tötet die Sterbenden. Darunter sind auch Kinder. Ich sehe noch das kleine Mädchen vor mir, dessen dunkle Zöpfe auf dem Rücken baumeln.

Zum Schluss kommen die Frauen dran. Es sind vier. Eine weigert sich, sich auszuziehen. Mit einem Messerstich wird das erledigt. Danach ist es vorbei. Nein, es ist noch nicht vorbei. Einige Zeit später kommen die Männer zurück, um die Leichen der Frauen eine nach der anderen zu holen, und verschwinden mit ihnen im Keller des Blocks 11. Einige Zeit vergeht. Dann legt man die Leichen wieder an ihren Platz, aber sie sind verstümmelt. Eine Frau hat eine breite Schnittwunde: ohne Zweifel der Messerstich von vorhin. Aber sie haben auch große Stücke Fleisch herausgeschnitten. Einen Moment sind wir wie betäubt. Was soll das bedeuten? Aber bald nähern wir uns dem Grund. Die Häftlinge im Labor hatten schon Verdacht geschöpft. Sie hatten in den Nährlösungen Fleischstücke mit haarloser Haut gefunden … Die Vermutung bestätigt sich später. Wir erfahren, dass Dr. Weber Fleisch, das für die Produktion von Nährlösung vorgesehen war, gestohlen hatte und es einfach durch Menschenfleisch ersetzte hatte.

Dr. Weber war auch der Drahtzieher von pseudomedizinischen Experimenten hämatologischer Art im Block 10, kleinere Experimente, wenn man so sagen darf …

Er möchte die Veränderungen der Agglutinationsrate in Funktion von Schockzuständen studieren, wie z. B. durch Transfusion von Blut anderer Blutgruppen als der der »Versuchskaninchen«.

Im Mai 1943 erscheint ein neuer Verfechter der Rassentheorien. Er wählt »Material« aus, indem er nackte Frauen jeden Alters vor sich paradieren lässt. Er wollte Anthropometrie durchführen, aber er wollte – so dachten wir – sich vor allem vor der Front drücken unter dem Vorwand von für die Zukunft des Reichs außerordentlich wichtigen wissenschaftlichen Forschungen. Die Maße aller Körperteile wurden unendlich oft genommen. Man notierte alle Besonderheiten.

Eines Tages ließ man diese Frauen wissen, sie hätten das außerordentliche Glück, ausgewählt zu werden. Sie würden Auschwitz verlassen und in ein hervorragendes Lager irgendwo in Deutschland kommen. Sie glauben es, so froh darüber, diese Hölle und die ständige Aussicht auf die Gaskammer verlassen zu können. Voller Freude sagten sie uns adieu. Keine hatte den Mut, sie zu enttäuschen. Wozu hätte es gut sein sollen, umso mehr wo niemand etwas Genaues wusste? Aber unsere Überzeugung war, dass sie bald in einem Museum des Großreiches ausgestopft als Zeugen für eine Rasse dienen würden, die es nicht wert sei zu leben und die dank der klugen Maßnahmen des Nationalsozialismus vernichtet worden sei. Wir haben nie wieder etwas von ihnen gehört.

1987: Die Unglücklichen wurden ins Lager Struthof im Elsass gebracht und zu dem Zweck getötet, den wir vermutet hatten.[8]

Ich muss noch über die Besuche sprechen, die uns diese Herren hohen und niedrigen Ranges machten, um die gespannte Atmosphäre zu steigern, in der wir lebten. Unser Block bildete wegen seiner Bedeutung zwangsläufig ein Zentrum im Lager. Es herrschte ein ständiges Kommen und Gehen der SS-Leute. Man fühlte sich niemals in Sicherheit. Unter irgendeinem Vorwand drangen sie in alle Räume des Erdgeschosses ein.

Ich denke an diesen großen SS-Mann. Sofort, als seine Ankunft im Lager gemeldet wurde, erhielten die kleinen Jungen von fünf und elf Jahren, die ihre Mütter, die im Labor arbeiteten, bei sich behalten durften, den Befehl, sich in der obersten Etage der Bettstellen zu verstecken. Denn die Willkür dieses Menschen war unvorhersehbar und grenzenlos. Der Anblick von Kindern hatte auf ihn dieselbe Wirkung wie ein rotes Tuch auf einen Stier. Im Männerlager waren nur wenige kleine Jungen dem üblichen Schicksal entgangen. Sobald er welche sah, hatte er Befehl gegeben, sie zu töten.

Aber ich denke vor allem an jenes abscheuliche kleine Monster, Klehr, mit Spitznamen Napoleon. Er war der Einzige, der sich in die Schlafräume im ersten Stock wagte. Seiner Ankunft folgten unmittelbar überstürzte Fluchtbewegungen in die entferntesten Winkel.

Die Häftlinge machten sich ganz klein wie gehetzte Tiere, hielten den Atem an, wenn er vorbeiging. Er ging langsam und genoss die Wirkung seines Auftretens. Er war es, der während langer Zeit tödliche Phenolinjektionen verabreicht hatte. Anfangs wurden sie noch unter die Haut gespritzt. Der Todeskampf währte lange. Greise, Kranke, eingesperrt im Keller des Männerlagers, warteten darauf, dass er sein Werk verrichtete. Er führte auch eine große Zahl von Injektionen im Frauenlager durch. Später wurde intravenös und schließlich direkt ins Herz gespritzt. Die Wirkung trat unmittelbar ein. Das kleine Zimmer der Poliklinik von Birkenau war häufig Zeuge schrecklicher Szenen. Man hörte herzzerreißende Schreie und flehentliche Bitten – dann nichts mehr. Die Spezialität dieses Menschen war der Mord an kleinen Kindern. Man musste sie ihm gleich nach der Geburt liefern. Eines Tages entdeckt er, dass es gelungen war, ein Neugeborenes einen

8 Im August 1943 sind die 30 Frauen vergast worden, später noch einmal 57 Männer. Die Leichen wurden ins Anatomieinstitut von Straßburg gebracht und in Konservierungswannen gelegt; sie waren für die Skelettsammlung des SS-Professors Hirt bestimmt. Einige der Leichen lagen noch während der Befreiung des Elsass im November 1944 in den Wannen (Anm. A. Postel-Vinay).

Monat vor ihm zu verstecken. Blind vor Wut verlangt er, dass man es ihm sofort ausliefert.

Das eine oder andere Mal hat man uns auch den Besuch von Himmler persönlich angekündigt, aber er ist während meines Aufenthaltes im Block 10 nicht gekommen.

Adélaïde Hautval, Zeichnung: Aat Breur

Anise Postel-Vinay
Die Menschenversuche in den Konzentrationslagern

Während Dr. Adélaïde Hautval bestürzt und ohnmächtig mit ihren eigenen Augen die kriminellen Handlungen von Prof. Clauberg und Dr. Schumann, Wirths und Weber im Lager Auschwitz I mit ansehen musste,[1] wirkte ein anderer Experimentator eifrig im Lager Auschwitz II – Birkenau, Dr. Josef Mengele.

Er interessierte sich für Probleme der Vererbung und der Genetik. Nachdem Mengele an der Ostfront in einer SS-Division verletzt worden war, verlangte er seine Versetzung nach Auschwitz wegen der Masse an »menschlichem Material«, das sich ihm bieten würde. Er selektierte selbst bei der Ankunft der Züge Zwillinge jeden Alters und hielt sie getrennt von den anderen gefangen. Seine Untersuchungen gingen in alle Richtungen. Er ließ eine unendliche Zahl von Messungen aller Teile des Körpers durchführen, entnahm ununterbrochen Blut und Rückenmarksflüssigkeit, operierte, tötete mit eigenen Händen diejenigen, die er sezieren wollte. Die entnommenen Organe waren Objekt unzähliger Beobachtungen, die interessantesten – z. B. acht Augenpaare unterschiedlicher Farbe, die er den Mitgliedern derselben Zigeunerfamilie entnommen hatte – wurden ins anthropologische Institut von Berlin geschickt, das Kaiser-Wilhelm-Institut (staatliche Forschungseinrichtung, heute Max-Planck-Institut). In den Jahren 1943 und 1944 war Professor Otmar von Verschuer der Direktor dieses Instituts. Dieser Wissenschaftler war Mengeles Professor vor dem Krieg, als er das Institut für Erbbiologie und Rassenhygiene der Universität Frankfurt leitete. Für die Untersuchungen seines ehemaligen Schülers in Auschwitz erhielt er Forschungskredite der Deutschen Forschungsgemeinschaft.

Die Erlaubnis, über Menschenleben für Experimente und wissenschaftliche Untersuchungen zu verfügen, wurde von Himmler, Reichsführer-SS

1 Der vollständige Bericht über das, was Dr. Hautval in Auschwitz und später in Ravensbrück hat sehen und erfahren müssen, ist 1946 als Anhang zur Studie von Dr. André Lettich von der medizinischen Fakultät der Universität Paris, »Trente-quatre mois dans les camps de concentration« (Vierunddreißig Monate in den Konzentrationslagern«), Druckerei Union Coopérative, 10, rue de Metz, Tours, veröffentlicht worden. Man kann das Buch einsehen im Centre de Documentation juive contemporaine (Zentrum für jüdische Zeitgeschichte) in Paris (Anm. A. Postel-Vinay); es ist auch in der Zentralbibliothek für Medizin in Köln vorhanden.

und Chef der Deutschen Polizei, persönlich erteilt. Während Mengele 1943 sein »menschliches Material« sehr schnell erhielt – was auch der Fall von Professor Gebhardt für seine Versuche in Ravensbrück war –, musste Clauberg länger warten: Am 30. Mai 1942 schrieb er von seiner Klinik in Königshütte in Oberschlesien an Himmler:

Sehr verehrter Reichsführer!
Auf mein Schreiben vom 5.6.1941, »betreffend Forschungsinstitut für Fortpflanzungsbiologie«, erhielt ich damals die umgehende vom 19.6.1941 datierte Antwort Ihres persönlichen Adjutanten SS-Sturmbannführer Brandt, daß Sie – Reichsführer – sobald als möglich auf meine Ausführungen zurückkommen würden. Ohne Zweifel haben die kurz darauf einsetzenden weit wichtigeren Kriegsgeschehnisse dies verhindert.

Wenn ich kurz in Erinnerung bringen darf, so war damals das Weiterkommen in meiner Arbeit zunächst an der Frage gescheitert, wie die Zurverfügungstellung von KZ-Insassinnen vor sich gehen solle. Mit dem Stabsführer Ihrer hiesigen Dienststelle, SS-Obersturmbannführer Dr. Arlt, bin ich gelegentlich einer wissenschaftlichen Unterhaltung auch auf meine Forschungstätigkeit in der Fortpflanzungsbiologie zu sprechen gekommen. Herr Dr. Arlt sagte mir hierbei, daß derjenige, der in Deutschland heute an derartigen Dingen ein besonderes Interesse habe und mir helfen könnte, Sie, sehr verehrter Reichsführer, seien. …

Zur Begründung dessen, was augenblicklich – d.h. zumindest vorläufig – notwendig wäre, seien noch einmal kurz die beiden vordringlichsten Fragestellungen und Grundprobleme aufgeführt:

A) In der Frage der positiven Bevölkerungspolitik verlangt die eventuelle oder höchstwahrscheinliche Bedeutung der Bodenbewirtschaftung für die weibliche Fortpflanzungsfähigkeit Klärung. Sie muß zunächst experimentell am Tier erforscht und ergründet werden (und zwar am sprichwörtlich fruchtbarsten und in der Fruchtbarkeit gleichzeitig wandelbaren Experimentaltier – dem Kaninchen) …

B) In der Frage der negativen Bevölkerungspolitik handelt es sich um einen Stand der Dinge, daß nunmehr vom Tierversuch, (in welchem ich die Möglichkeit der operationslosen Sterilisierung dargetan habe) auf die ersten Versuche am Menschen übergegangen werden muß.

Reichsführer! Ohne Ihrer Entscheidung vorgreifen zu wollen, erlaube ich mir, den Vorschlag zu machen, die zu A) und B) notwendigen Versuche sowie Einrichtungen im KZ Auschwitz durchführen lassen zu wollen.

Wie ich Ihnen bereits in meiner mündlichen Besprechung gesagt habe, unterordne ich mich Ihnen sehr gern als Leiter eines Forschungsinstitutes, das ausschließlich unter Ihrer Regie läuft.

Ich glaube, daß sowohl hinsichtlich der Zurverfügungstellung des Landes, der notwendigen Tiere, des Betreuungspersonals und der Menschen ein Anschluß an Ihr Lager in Oberschlesien die besten Voraussetzungen bieten würde.

Reichsführer! Die hier gemachten Ausführungen und Aufstellungen beziehen sich darauf, daß zunächst einmal das zur Lösung dieser Frage Notwendigste und Vordringlichste geschaffen wird und in Gang gebracht würde…

Heil Hitler!
Ihr sehr ergebener
Prof. Clauberg

Eine Aktennotiz von Rudolf Brandt, des persönlichen Sekretärs von Himmler, gibt Auskunft über die Antwort auf den Brief von Clauberg:

Geheime Reichssache! *Führerhauptquartier, Juli 1942*
Erste Ausfertigung

Am 7.7.1942 hat eine Besprechung stattgefunden zwischen dem Reichsführer-SS (Himmler), SS-Brigadeführer Professor Dr. Gebhardt, SS-Brigadeführer Glücks und SS-Brigadeführer Prof. Clauberg, Königshütte. Inhalt der Besprechung war die Sterilisierung von Jüdinnen. Der Reichsführer-SS hat dem SS-Brigadeführer Prof. Clauberg zugesagt, daß ihm für seine Versuche an Menschen und an Tieren das Konzentrationslager Auschwitz zur Verfügung steht.

Es sollte an Hand einiger Grundversuche ein Verfahren gefunden werden, daß die Sterilisierung bewirkt, ohne daß die Betroffenen etwas davon merken. Sobald das Ergebnis dieser Versuche vorliegt, wollte der Reichsführer-SS noch einmal einen Bericht vorgelegt bekommen, damit dann an die praktische Durchführung zur Sterilisierung der Jüdinnen herangegangen werden kann.

Ebenso sollte am besten unter Hinzuziehung von Prof. Dr. Hohlfelder, der ein Röntgenspezialist in Deutschland ist, geprüft werden, in welcher Weise durch Röntgenbestrahlung bei Männern eine Sterilisierung erreicht werden kann.

Der Reichsführer-SS hat allen beteiligten Herren gegenüber betont, daß es sich hier um geheimste Dinge handele, die nur intern besprochen werden könnten, wobei jeweils die zu den Versuchen oder Besprechungen Hinzugezogenen auf Geheimhaltung verpflichtet werden müßten.

Als Dr. Hautval im August 1944 mit den 52 von 230 überlebenden Französinnen, die am 27. Januar 1943 in Auschwitz angekommen waren, nach Ravensbrück verlegt wurde, erfuhr sie, dass auch in Ravensbrück fürchterliche Versuche an den Beinen von ungefähr 75 jungen Frauen, meistens polnischen Studentinnen, gemacht worden waren: Brechen und Entnahme von Knochen, Entfernung von Muskeln, Infizierung von Wunden mit Staphylokokken, mit Wundbrand- und Tetanus-Kulturen, die vom SS-Hygiene-Institut in Berlin geliefert worden waren, unsichere postoperative Behandlung oder überhaupt keine Behandlung. Ein Dutzend dieser jungen Mädchen war unter unerträglichen Schmerzen gestorben. Sechs andere sind erschossen worden.

1946 hat Dr. Hautval in dem oben erwähnten Buch von Dr. Lettich beschrieben, was sie davon wusste, ohne allerdings zu wissen, was Prof. Gebhardt untersuchte. Dieser war einer der Angeklagten in dem Nürnberger Ärzteprozess 1946 bis 1947; während einer Woche trug er Tag für Tag mit Leidenschaft und ausführlich den Sinn seiner Arbeiten vor: Alles hatte angefangen, als Heydrich, der Reichsprotektor von Böhmen und Mähren und Stellvertreter Himmlers bei der Leitung aller Reichspolizeibehörden, am 27. Mai 1942 in Prag Opfer eines Attentats wurde. Hitler schickte Gebhardt ans Krankenbett von Heydrich, der von einer Granate zerfetzt war.

Nach einigen Tagen starb Heydrich an Wundbrand. »Hitler rief mich zu sich«, erklärte Gebhardt vor dem Gerichtshof, »dann weigerte er sich, mich zu empfangen und verwies mich an Himmler. Ich hatte mit ihm ein sehr kurzes Gespräch, denn er zeigte mir ganz klar die Lage auf: ›Der Tod von Heydrich entspricht einer verlorenen Schlacht, wie wir sie noch nicht erlitten haben‹, hatte Hitler gebrüllt. Dr. Morell (Hitlers Leibarzt) hatte gesagt: ›Wenn man meine modernen Sulfonamide gegeben hätte, wäre die Sache anders verlaufen.‹ Er hatte die Erlaubnis, diese Sulfonamide in seinen eigenen Fabriken in Wien und Ungarn zu produzieren. Jedenfalls war das Gespräch sehr kurz und die bereits ins Auge gefassten Experimente sollten sofort unter der Aufsicht von Grawitz beginnen, nicht nur mit schweizerischen und deutschen Sulfonamiden, sondern auch mit dem Ultraseptil von Morell. Was mich betrifft, so hing meine Rehabilitation von den klinischen

Beweisen meiner Behandlung in Prag und von den Ergebnissen der Experimente mit den Sulfonamiden ab.«

Dr. Hautval und die anderen Häftlingsärzte des Lagers konnten nicht ahnen, dass die künstlichen Infektionen, die Gebhardt herbeiführte, nicht geheilt werden sollten nach der Behandlung mit Sulfonamiden.

Gebhardt erhielt seine Versuchsobjekte auf der Stelle. Man muss dazu sagen, dass Heinrich Himmler ein Jugendfreund von ihm war, sie hatten ihre Kindheit gemeinsam in Landshut in Bayern verbracht. Gebhardt war Inhaber des Lehrstuhls für Osteologie an der medizinischen Fakultät von Berlin und hatte eine renommierte Klinik zwölf Kilometer von Ravensbrück, wo sich alle Großen des Reichs behandeln ließen. Er war Teil des Hofstaats von Hitler.

Im Mai 1943 gab Professor Gebhardt auf dem Kongress der Akademie für Militärmedizin vor dreihundert Militärärzten einen Bericht über seine Versuchsserie … Schließlich wurde er rehabilitiert: Hitler ernannte ihn im April 1945 zum Präsidenten des Deutschen Roten Kreuzes, als Nachfolger von Grawitz, der Selbstmord begangen hatte.

Professor Clauberg, die anderen Ärzte von Auschwitz, Professor Gebhardt und seine Assistenten waren keine Einzelfälle. In vier anderen großen Konzentrationslagern forderten andere Ärzte, teilweise SS-Angehörige, die Erlaubnis und die notwendigen Gelder für Menschenversuche.

Alle sahen in der Menschenmasse der KZ, die früher oder später dem Tod geweiht war, die Gelegenheit zu noch nicht amtlichen Arbeiten, die von der Macht geschätzt würden, deren Grausamkeit und Perversion schließlich weit über die SS hinausreichte. Diese Ärzte waren keine Verrückten, sie waren auch nicht in der deutschen Gesellschaft isoliert. Sie waren wirkliche Ärzte, häufig Söhne oder Neffen von Ärzten, die meisten erzogen in der christlichen Religion, gute Familienväter, gut eingeführt in der Ärzteschaft ihres Landes. Wir versuchen zu verstehen, wie sie dazu gekommen sind, nachdem wir die Übersicht über die Menschenversuche in den KZ vervollständigt haben:[2]

– in Dachau gab es Versuche über große Höhen, Unterkühlung und Meerwasser, für die der Versuchsleiter, ein Luftwaffen-Arzt, die Zustimmung von Marschall Milch erhielt, dem Luftwaffenstaatssekretär;

– in Struthof im Elsass, in jener Gaskammer, in der die dreißig jungen Frauen umgebracht worden waren, die Dr. Hautval kurz vor ihrer Abfahrt

2 Siehe dazu Ernst Klee: Auschwitz. Die NS-Medizin und ihre Opfer. Frankfurt/Main 1997.

von Auschwitz gesehen hatte (siehe S. 77, 78), wurden Versuche mit zwei Kampfgasen – Lost und Phosgen – unternommen;

– in Buchenwald und Dachau wurde mit Typhus, Fleckfieber, infektiöser Gelbsucht, Gelbfieber, Flecktyphus und Influenza experimentiert;

– in Neuengamme wurden zwanzig Kinder mit Tuberkelbazillen geimpft und schließlich 1945 mit ihren zwei französischen Häftlingsärzten getötet, die sie hatten retten wollen.

Andere kleinere Experimente gab es in verschiedenen Nebenlagern. Junge Russen, Polen, Zigeuner, Griechen, Jungen und Mädchen, Männer und Frauen, es waren mehrere Hunderte, die einen schrecklichen Tod erlitten, während neben ihnen, Minute für Minute, der Arzt die klinischen Zeichen des fortschreitenden Sterbens aufzeichnete.

Wie kann man das begreifen? Die Überlebenden der Konzentrationslager, und unter ihnen vor allem die überlebenden »Versuchskaninchen«, sind lange Zeit die Einzigen gewesen – von einigen bemerkenswerten Ausnahmen abgesehen, die wir in der Bibliographie zitieren –, die sich über die wahnsinnige Entwicklung Gedanken gemacht haben, die ein ganzes medizinisches Milieu alter Zivilisation dazu gebracht hat, auf diese Weise den Sinn der »menschlichen Werte«, wie Dr. Hautval sagte, zu verlieren. Aber seit den 1980er-Jahren recherchieren Ärzte, Psychologen und Juristen, die nach dem Zweiten Weltkrieg geboren sind, in der Vergangenheit, reden und publizieren.

Klaus Dörner, Ernst Klee, Willi Dreßen, Benno Müller-Hill u. a. in Deutschland, Robert Jay Lifton[3] in den Vereinigten Staaten, belegen, dass die Massenvernichtungen von Hitler nicht »spontan« entstanden sind, wie es auch Dr. Hautval schrieb. Seit Ende des letzten Jahrhunderts machten sich Anthropologen, Ärzte und Juristen Gedanken über die Degeneration der westlichen Gesellschaft, die sie durch unnütze, ja schädliche Elemente vergiftet und verdorben sahen. In verschiedenen europäischen Staaten einschließlich England (Francis Galton) sprachen sich verschiedene Autoren für eine Eugenik-Politik aus, ohne dass damals praktische Schritte vorgeschlagen wurden. Es waren nur vereinzelte Stimmen. Aber in den 1920er-Jahren entwickelten deutsche Hochschullehrer in zahlreichen Vorlesungen und Publikationen diese Theorien weiter und begannen, die hygienische und medizinische Vernichtung »lebensunwerten Lebens« vorzuschlagen.[4]

3 Vgl. ihre in der Bibliographie genannten Bücher.

4 Die Freigabe der Vernichtung lebensunwerten Lebens, von Karl Binding und Alfred E. Hoche, Leipzig 1920.

Als Hitler an die Macht kam, standen ihm bereits Argumente und Vokabular für den »Schritt zur Tat« zur Verfügung, den er ohne zu zögern ging: Das »Gesetz zur Verhütung erbkranken Nachwuchses« (mit der Möglichkeit der Zwangssterilisierung) wurde am 14. Juli 1933 beschlossen. Nur ganz wenige zu dieser Zeit sahen, dass sich damit das Tor für unbegrenzte verbrecherische Möglichkeiten öffnete. Und gerade auf diesen Text bezog sich 1957 das Landgericht Kiel bei seinem Versuch, Professor Clauberg für nicht schuldig zu befinden.

Der hitlersche »Schritt zur Tat« begeisterte die deutschen Forscher. Die Rassenhygieneämter, die Erbforschungsämter, die rassenpolitischen Büros der Partei, die Universitätslehrstühle über genetische Biologie und andere Organismen desselben Typs vervielfachten sich in allen Städten Deutschlands. 1943 schrieb der alte Professor Eugen Fischer, der vor Otmar von Verschuer Direktor des Instituts für Anthropologie am Kaiser-Wilhelm-Institut war, und der seine Karriere als Rektor der Universität Berlin beendete, in der *Deutschen Allgemeinen Zeitung* diesen begeisterten Satz: »Es ist eine seltene und sehr besondere Chance für eine an sich theoretische Disziplin, in einer Epoche zu arbeiten, in der die am meisten verbreitete Ideologie sie mit Anerkennung aufnimmt und besser noch, in der die praktischen Resultate unverzüglich akzeptiert und benutzt werden als Grundlage für staatliche Maßnahmen.«[5]

Auf allen Ebenen der administrativen und sozialen Strukturen des Staates beeilen sich die Beamten, an dem »Erneuerungswerk« des Nationalsozialismus teilzunehmen. Ein neuer Wind richtet die Massen auf. Der Arzt hat sich nicht mehr bei den Kranken aufzuhalten, er ist der »biologische Soldat des Volkes« geworden, und ohne großen Aufwand kann der kleinste Amtsrichter mit zwei Ärzten als Beisitzer ein (Erbgesundheits-)Gericht bilden, das Bürger zur Zwangssterilisierung verurteilt. Nur ganz wenige Ärzte oder Richter widersetzen sich dem vorherrschenden Klima.

Begriffe wie »lebensunwertes Leben«, »Abfall« oder »Abschaum der Gesellschaft«, »überflüssige Existenzen«, »Untermenschen« oder »menschliches Ungeziefer« nisten sich in den Köpfen ein; die Perversion wird zur Normalität, sodass es unter den Ärzten, die Folterknechte und Mörder ge-

5 Die Professoren Fischer und von Verschuer wurden in den Jahren 1942 bis 1943 zu Konferenzen in Paris eingeladen. Von Verschuers Handbuch der Eugenik und menschlichen Vererbung wurde von Dr. Georges Montandon ins Französische übersetzt und bei Masson et Cie, Verlag der Medizinischen Akademie, 1943, veröffentlicht (Manuel d'eugénique et d'hérédité humaine) (Anm. A. Postel-Vinay).

worden sind, nur ganz wenige gibt, die – selbst wenn sie wieder in einer normalen Umgebung arbeiten – Gewissensbisse hatten: Sie arbeiteten für das Wohl des Staates. Und außerdem: Alle Häftlinge der Konzentrationslager waren dazu bestimmt umzukommen. Es war also nichts Schlimmes dabei, sie wie Ratten zu behandeln.

Zahlreiche Ärzte, die sich aktiv an Menschenversuchen oder an der Vernichtung von Geisteskranken, »Asozialen« und »Untermenschen« in den Konzentrationslagern, einschließlich Juden und Zigeunern, beteiligt hatten, sind erst zehn bis fünfzehn Jahre, manche erst zwanzig bis dreißig Jahre nach Kriegsende vor Gericht gestellt worden. Sie haben alle von einem gewissen »Verständnis« durch deutsche Gerichte profitiert, was Dr. Hautval zutiefst verwirrt hat und was uns noch heute nachdenklich machen muss. Es gibt dort einen »Abszess«, wie Dr. Hautval geschrieben hat, der niemals aufgestochen worden ist. Zum Schluss muss man lesen, wie die gepeinigte Zeugin Haïdi Hautval die Ermittlungen gegen Professor Clauberg erlebt hat, der vor seinem Urteil im Gefängnis gestorben ist:

Ein Abszess muss geöffnet werden, und zwar unter zwei Gesichtspunkten. Es gibt zunächst die Fakten im Lichte der gerichtlichen Voruntersuchung von Kiel; aber vor allem gibt es das, was sich hinter den Fakten verbirgt, was diese legale Fassade an Unannehmlichkeiten und Verborgenem enthält und was, wie ich denke, von allererster allgemeiner Bedeutung für die Menschen ist.

Mit tiefer Befriedigung haben einige von uns den Tod Claubergs im Gefängnis von Kiel im August 1957 aufgenommen. Das ist eine ziemlich paradoxe Reaktion. Dreizehn Monate vorher war ich sehr verstört von einer Unterredung mit dem ermittelnden Oberstaatsanwalt zurückgekehrt. Verstört zunächst, weil meine Zeugenaussage unzureichend war. Dreizehn Jahre waren seit den schrecklichen Ereignissen vergangen, dreizehn Jahre, die viele notwendige Präzisierungen weggewischt hatten. Während der folgenden Wochen war ich auf der quälenden Suche nach flüchtigen Erinnerungen. Auf diese Weise wurden mehrere von uns dazu gebracht, systematisch die in Frankreich lebenden Opfer von Clauberg zu befragen, und zwar um bestimmte Tatsachen unter der manchmal konfusen Anhäufung von Zeugenaussagen zu präzisieren.

In Wahrheit konnte ein Prozess, der unter diesen Umständen und nach einer so langen Zeit begonnen hatte, nur zu falschen Ergebnissen führen. Mit ganzer Überzeugung haben wir einem der Zeugen zugestimmt, den wir mit Fragen bestürmt haben und der uns sagte: »Aber wozu soll das gut sein; was wahr ist und bleibt, ist, dass Clauberg ein Mörder ist, und zwar von der schlimmsten Sorte!« Ja, aber leider verstand das die deutsche Justiz nicht so. Nach der Unterredung in Trier schien es in der Tat völlig klar, dass Clauberg nicht entsprechend dem Gewicht seiner verbrecherischen Handlungen verurteilt werden würde. Man würde zunächst seine Jahre der Gefangenschaft in Russland berücksichtigen.[6] *Die gegen ihn erhobenen Anschuldigungen hatten, so schien es, keine ausreichende Grundlage für eine exemplarische Verurteilung.*

Nur vier Todesfälle aufgrund von sterilisierenden Einspritzungen konnten bewiesen werden, wobei einige von ihnen noch auf die Machenschaften seiner Gehilfen Goebel und Buhning zurückgehen.

Hier ein Auszug aus der Anklageschrift des Gerichts in Kiel:

»Wird angeklagt, alleine oder gemeinschaftlich (mit Goebel, Chemiker, und Buhning, Krankenpfleger):

a) in mindestens 135 Fällen eine Sterilisation herbeigeführt und in mindestens 4 Fällen den Tod verursacht zu haben;

b) in Ravensbrück im Januar 1945 in mindestens 35 Fällen die Sterilisation von Zigeunerinnen durchgeführt oder veranlaßt zu haben.«

Wer ist Clauberg? Stehen die von ihm begangenen Verbrechen in Übereinstimmung mit seiner Persönlichkeit, oder stellen sie im Gegenteil etwas Fremdes in seinem Leben dar, das seinen tiefsten Überzeugungen widerspricht, und welche besonderen Bedingungen haben ihn dazu bringen können, diese Verbrechen zu begehen?

1. Beruflich ist Clauberg eine anerkannte Autorität in seiner Spezialdisziplin. 1939 wird er zum Professor an der Universitätsklinik von Königsberg ernannt, dann zum Direktor des Gynäkologischen Krankenhauses von Königshütte. Schon 1942 entzünden sich heftige Diskussionen zwischen der Ärztekammer der Region – die ihn eingestellt hatte – und ihm, weil er seinen Bereitschaftsdienst vernachlässigte, ohne irgendjemand zu benachrichtigen oder sich zu entschuldigen. Im Übrigen war er gleichzeitig Direktor von drei anderen Einrichtungen derselben Art. In einer von ihnen hat er sich nur dreimal gezeigt.

1940 nimmt Clauberg Verbindung mit Himmler auf, der sich lebhaft für die Sterilisationsversuche durch Verstopfung der Eierstöcke mithilfe einer ätzenden Flüssigkeit interessiert, denn die Versuche sind geeignet, seiner ›negativen Bevölkerungspolitik‹ (Ausrottung unerwünschter Völker) zu die-

6 Clauberg war in der Sowjetunion zu 45 Jahren Haft verurteilt und 1955 als »nichtamnestierter Kriegsgefangener« nach Deutschland entlassen worden.

nen. 1942 wird ihm das Lager Birkenau für seine Versuche zur Verfügung gestellt mit dem Befehl an den Lagerkommandanten, alle seine Wünsche zu erfüllen.

2. Was ist Clauberg als Mensch wert?
(Es folgen Geschehnisse aus seinem persönlichen Leben, die Gewalttätigkeiten, Rücksichtslosigkeit und Lügen belegen.) Wie rechtfertigt er seine Aktivitäten in Auschwitz? Immer durch einen unwahrscheinlichen Schwall von Lügen, die häufig »mit so heißer Nadel gestrickt« sind, dass sie seiner Intelligenz kaum Ehre erweisen. Er gibt vor, die Versuche in Auschwitz mit dem einzigen Ziel unternommen zu haben, um die Häftlinge zu retten, die er, wie er sagt, nahezu alle bis zuletzt im Block 10 hat behalten können. Zahlreiche Zeugenaussagen und die Prüfung der Eingangs- und Entlassungslisten dieses Blocks belegen ohne Mühe die Unrichtigkeit dieser Behauptung. Nach seinen Worten habe er die Verbesserung des Schicksals der Häftlinge verlangt und zu diesem Zweck alles in Bewegung gesetzt; er erklärt, nicht bemerkt zu haben, dass die Fenster des Blocks 10 von außen mit Brettern vernagelt waren; er wusste auch nicht, dass die Häftlinge kahl geschoren waren. Er bestreitet selbst die Tätowierung!

Clauberg behauptet auch, dass die sterilisierenden Einspritzungen niemals schwere Entzündungen zur Folge gehabt hätten – in Wahrheit gab es aber häufige Fälle von Bauchfellentzündung, Entzündung des Beckenzellgewebes und andere Unterleibsentzündungen. Er hat sich übrigens nie für die Folgen seiner Behandlungen interessiert. Er sagte weiter, während langer Zeit nicht gewusst zu haben, dass der Block, dessen Leiter er war, der Ort für verschiedene andere Versuche war; er habe diese sofort unterbunden (besonders die von Dr. Schumann), nachdem er davon Kenntnis erhalten habe, was offensichtlich falsch ist. Er sagt auch, dass er 18.000 Zigeunerinnen, die vernichtet werden sollten, gerettet habe – während sie in Wahrheit plötzlich verschwunden sind, nachdem sie erbärmlich dahinvegetiert sind.

Clauberg bestreitet auch bestimmte Briefwechsel mit Himmler. Seine Meinungsverschiedenheiten mit der Ärztekammer von Oberschlesien, seine Tätigkeit in Ravensbrück, er gibt sie erst zu, nachdem man ihn mit eindeutigen Beweisen in die Enge getrieben hat.

Wie kann es unter diesen Umständen, angesichts der begangenen verbrecherischen Handlungen, angesichts der traurigen Persönlichkeit des Angeklagten, angesichts seiner gesteigerten Verantwortung aufgrund seines

Berufes und angesichts der offensichtlichen Gefahr, die er bedeutet, wie kann es passieren, dass eine nur leichte Verurteilung in Betracht gezogen werden konnte?

Die gerichtliche Voruntersuchung stellt zwar ohne Nachsicht den Mangel an Würde und Glaubwürdigkeit der Persönlichkeit von Clauberg fest, kommt aber zu dem Schluss, dass es möglich ist, dass Clauberg in der Folgezeit seine Aktivität in Auschwitz unangenehm gewesen ist und dass er versucht habe, sich davon zu befreien. Aber es war der Angeklagte selbst, der die erste Initiative ergriffen hat, und zwar weil er mit allen Mitteln und mit der Hilfe von Himmler die Schaffung eines Forschungsinstituts erreichen wollte.

Über einen anderen Absatz aus der Akte Clauberg kann man sich nur wundern. Unter der Überschrift »Tätigkeit Claubergs betrachtet im Verhältnis zu seiner Stellung als Beamter«, liest man im Wesentlichen Folgendes:

»Die Tätigkeit Claubergs in Auschwitz rührte in keiner Weise von seiner Stellung als Medizinprofessor oder seiner Stellung als Chef der Frauenklinik her. Aber nach seinen Unterredungen mit Himmler war er ›Amtsträger‹ und stand als solcher im Verhältnis zu Himmler in einer Beziehung von Angestellten zum Dienstherren, selbst wenn dieses Verhältnis nicht ausdrücklich erklärt worden war. Das (Erbgesundheits)-Gesetz von 1933, das erbkranken Nachwuchs verhindern sollte, erlaubte es dem Staat, sich an die Stelle des Einzelnen zu setzen, was die Zustimmung des Einzelnen zur Sterilisation betraf. Selbst wenn diese Stellvertretung auf illegalem Weg zustande kam – wie es für Himmler der Fall war –, blieb sie ein ›staatlicher Hoheitsakt‹, der in der Vorstellung desjenigen, der ihn juristisch anordnete, den staatlichen Zielen diente. Clauberg war sich dieser Lage sehr bewusst, denn wiederholt spricht er von seiner ›besonderen politischen Aufgabe‹. Es ist deshalb völlig gleichgültig, ob die Initiative zu den in Auschwitz begangenen Taten von Clauberg ausging oder nicht.«

So wird die Verantwortung Claubergs durch diejenigen der Führer des Dritten Reichs gedeckt. Diese Schlussfolgerung ist umwerfend, und der Verstand sträubt sich. Es gibt einen riesigen Unterschied zwischen einer Tat, die unter Zwang ausgeführt wird, und dem freiwilligen Angebot zu solch einer Tat. Dies umso mehr, wenn dieses Angebot nicht einer Überzeugung entspringt – so irrig sie auch sein mag –, sondern einem selbstsüchtigen Plan, wie es bei Clauberg der Fall war. Dieser Verbrecher ist nicht das schuldlose Werkzeug von Himmler, sondern sehr wohl sein hellsichtiger und monströser Komplize. Alle Feinheiten von Gesetzestexten ändern nichts an dieser Gewissheit.

Wie hätte die Zukunft von Clauberg ausgesehen, wenn er seine Strafe einmal abgesessen hätte? Hätte er seine ärztliche Tätigkeit wieder aufnehmen können? Schauen wir, welche Haltung die deutsche Ärztekammer dazu eingenommen hat.

Erst im Februar 1957 und auf wiederholtes Drängen des Internationalen Auschwitz-Komitees verbietet die Ärztekammer Clauberg vorläufig jede ärztliche Tätigkeit, weil er »einer schweren Verletzung seiner beruflichen Pflichten verdächtigt wird«. Das Schriftstück endet mit dem Satz: »Die Ärztekammer betont, dass sie sich ohne jeden Zweifel von jedem der wenigen Ärzte distanziert, die während des Dritten Reiches und auf Bitten der Behörden jener Zeit zugestimmt haben, Verbrechen gegen die Menschlichkeit zu begehen.«

Die Haltung der deutschen Ärzteschaft ist wachsweich, zurückhaltend und … vorläufig. Seltsamer Widerspruch in der Tat zwischen dem Eingeständnis von Verbrechen gegen die Menschlichkeit und der Vorläufigkeit des Verbots, ärztlich tätig zu sein. Ein kürzliches Ereignis erschließt uns das ganze Ausmaß und den ganzen Sinn dieses Wortes. Ein Ereignis, das alle unsere Illusionen diesbezüglich zerstört hätte, wenn noch welche geblieben wären! Es handelt sich um Kremer, den SS-Arzt von Auschwitz. Nachdem er begnadigt worden ist, ist er offiziell in der Universität Münster aufgenommen worden. Ohne Zweifel wäre auch Clauberg nach dem Verlassen des Gefängnisses gefeiert und von Neuem in den Schoß der medizinischen Familie aufgenommen worden. Wahrscheinlich hätte diese sich sogar dafür beglückwünscht, dass sie sich einen Menschen von derartigem wissenschaftlichem Wert hätte halten können. Und sein menschlicher Wert? Ich glaubte, wir glaubten, dass bestimmte Handlungen absolut unvereinbar mit der Ausübung des ärztlichen Berufs waren. Ist das noch eine Illusion, die man aufgeben muss? Muss man daraus schließen, dass der hippokratische Eid der Vergessenheit anheimfällt?

Das sind die Gründe, weshalb der Tod Claubergs eine große Erleichterung war. Er ist uns als eine wirksame Verurteilung erschienen, die diejenige durch die unfähige menschliche Justiz ersetzt hat. Dadurch wurde vermieden, dass nochmals offiziell das verhöhnt wurde, was trotz allem ein Glaubensbekenntnis bleibt und bleiben muss, wie auch immer die Umstände sind: die Unverletzlichkeit und der Vorrang der menschlichen Person.[7]

7 Auszug aus dem Bulletin des anciennes déportées de la Résistance, Voix et Visages, September 1958.

Zeugenberichte

»Bezüglich des Vorhabens von Experimenten mit einem neuen Schlafmittel würden wir es begrüßen, wenn Sie uns eine Anzahl von Frauen zur Verfügung stellen würden …«
»Wir erhielten Ihre Antwort; jedoch erscheint uns der Preis von RM 200,– pro Frau zu hoch. Wir schlagen vor, nicht mehr als RM 170,– pro Kopf zu zahlen. Wenn Ihnen das annehmbar erscheint, werden wir Besitz von den Frauen ergreifen. Wir brauchen ungefähr 150 Frauen …«
»Wir bestätigen Ihr Einverständnis. Bereiten Sie für uns 150 Frauen im bestmöglichsten Gesundheitszustand vor, und sobald Sie uns mitteilen, dass sie so weit sind, werden wir diese übernehmen …«
»Erhielten den Auftrag für 150 Frauen. Trotz ihres abgezehrten Zustandes wurden sie als zufriedenstellend befunden. Wir werden sie bezüglich der Entwicklung der Experimente auf dem Laufenden halten …«
»Die Versuche wurden gemacht. Alle Personen starben. Wir werden uns bezüglich einer neuen Sendung bald mit Ihnen in Verbindung setzen.«
Aus dem Briefwechsel zwischen der chemischen und pharmazeutischen Fabrik Bayer und dem Kommandanten des KZ Auschwitz, Rudolf Höß (Dokument NI-7184 im Nürnberger IG-Farben-Prozess; enthält die eidesstattliche Aussage des ehemaligen Auschwitz-Häftlings Grégoire Afrine). Die Bayer AG bestreitet nicht die Authentizität des Dokuments, bezweifelt aber, dass die Briefe wörtlich so geschrieben worden seien.

Dorota Lorska-Kleinowa: »Der Inbegriff des pflichtbewussten Arztes«

Die Ärztin Dr. Dorota Lorska-Kleinowa wurde 1943 nach Auschwitz deportiert und traf im Versuchs-Block 10 mit Adélaïde Hautval zusammen. Sie verfasste 1946 einen Bericht und sagte im Nürnberger Ärzteprozess als Zeugin aus. Die folgenden Zitate stammen aus ihrem Aufsatz »Block 10 in Auschwitz«, veröffentlicht in der polnischen Zeitschrift Przeglad Lekarski, *Heft 1, S. 99–104, Krakau 1965; deutsche Übersetzung auf der Basis von: Die Auschwitz-Hefte, Hrsg. Hamburger Institut für Sozialforschung, Hamburg 1994, S. 209 f., 211 f.*

Von den Frauen, die von 1943 bis 1945 in Block 10 waren, haben, soweit ich das weiß, zwischen zehn und zwanzig überlebt und leben in mehreren europäischen und außereuropäischen Ländern. Am Leben geblieben sind auch Ärztinnen, die die SS in Block 10 verlegt hatte, damit sie dort die kranken Frauen betreuen, darunter die Französin Adélaïde Hautval und Dr. Alina Brewda aus Warschau, die heute in England lebt, oder die mit Häftlingstransporten oder einzeln in Block 10 kamen, nach einiger Zeit im Hygiene-Institut in Rajsko arbeiteten und in Block 10 lebten und dort den Ablauf der pseudowissenschaftlichen Versuche genau kennenlernen konnten. In Polen lebt neben der Verfasserin auch Dozentin Dr. Helena Meizel.

Welche Haltung die Häftlingsärzte einnahmen, das war ein Faktor, der ganz entscheidende Auswirkungen auf die Lebenssituation der Häftlinge hatte. Ich will zuerst versuchen, kurz die Verhaltensmöglichkeiten aufzuzeigen. Abgesehen von der Betreuung der Kranken, mussten sich die Ärzte in Zusammenhang mit den in Block 10 durchgeführten Versuchen zu dem Problem verhalten, den SS-Ärzten zu helfen oder für sie pseudowissenschaftliche Versuche vorzunehmen. Man konnte die Zusammenarbeit ablehnen; man konnte für die Mithäftlinge schädliche Anweisungen – ohne dies kategorisch zu erklären – nicht ausführen; man konnte sich darauf beschränken zu gehorchen; und man konnte sie schließlich außerordentlich eifrig ausführen, was ich aber als Ausnahme bezeichnen würde. Alle diese Verhaltensformen lassen sich am Beispiel von Ärzten in Block 10 beobachten. Ich will mit dem schönsten Beispiel beginnen. Die französische Ärztin Adélaïde Hautval, Tochter eines evangelischen Pfarrers, wurde im April 1942 verhaftet, als sie die Demarkationslinie zwischen dem besetzten und dem freien Frankreich überschritt – sie hatte keinen Passierschein bekommen – und kam in ein Gefängnis, in dem auch jüdische Gefangene waren. Dr. Hautval zeigte unverhüllt ihre Empörung und kritisierte das Verhalten der Gestapomänner gegenüber den Juden. Als Reaktion bekam sie zur Antwort: Wenn Sie eine Freundin der Juden sind, werden Sie auch deren Los teilen. Einige Monate saß sie mit jüdischen Gefangenen in einem französischen Gefängnis. Im Januar 1943 traf sie mit einer Armbinde, die das Wort »Judenfreundin« und den gelben Stern trug, in Auschwitz ein. Von Birkenau wurde sie in Block 10 geschickt. Sie erklärte sich nicht damit einverstanden, wie dies Dr. Wirths wünschte, Untersuchungen mit dem Kolposkop vorzunehmen, und weigerte sich, bei den Eingriffen, die der Häftlingsarzt Dr. Samuel, ein deutscher Jude, vornahm, zu narkotisieren. Als der SS-Arzt Dr. Wirths sie zu sich rief, damit sie ihr Verhalten erkläre, hatte sie mit ihm ein Gespräch, das nicht in Vergessenheit geraten soll. Als Wirths von Dr. Hautval gehört hatte, dass sie die Teilnahme an den Eingriffen verweigerte, da dies ihren Anschauungen widerspreche, fragte er sie, ob sie nicht bemerkt habe, dass die jüdischen Häftlinge in Block 10 anders seien als sie selbst. Er habe sie dorthin versetzt, damit sie sich davon überzeugen könne.

In diesem Lager gibt es viele Menschen, die anders sind als ich, sagte Hautval, und der Erste sind Sie.

Ich denke, Dr. Wirths war so verblüfft, dass es ihm gar nicht in den Sinn kam, die Häftlingsärztin für diese Antwort zu bestrafen. Er versetzte sie nur in einen anderen Block, da ihr Zusammensein mit den anderen Frauen in Block 10 die Ergebnisse brachte, mit denen er gerechnet hatte.

Während Dr. Hautval im Lager in vielen Situationen nach den Geboten der Ethik und der Menschlichkeit handelte und das Vorbild eines Arztes in seiner edelsten Gestalt war, würde ich aus der Gruppe der Häftlingsärzte, die in Block 10 arbeiteten, an das entgegengesetzte Ende Dr. Dering setzen. Dr. Hautval war der Inbegriff des pflichtbewussten Arztes, der seine Pflicht wie eine Berufung unter allen Bedingungen, gerade auch unter den schwersten Bedingungen erfüllte. Diese ungewöhnlich bescheidene und edle Frau schätzte die Situation im Lager sehr nüchtern ein. Sie war es, die mich gleich in den ersten Tagen nach meiner Ankunft über die Tätigkeit der SS-Ärzte in Block 10 aufklärte. Sie machte mir auch klar, dass nichts uns als Zeugen der von den SS-Ärzten verübten Verbrechen zu retten vermag und dass diese es nicht zulassen werden, dass die Welt einmal erfährt, zu was sie fähig waren. Aus diesem Verständnis zog Dr. Hautval den logischen Schluss, dass ein jeder sich in der kurzen Zeit, die uns noch im Lager zu leben beschieden sei, zu seinen Mithäftlingen als Mensch zu verhalten habe. Man muss unterstreichen, dass sich die Häftlingsärzte von der Gesamtheit der Häftlinge im Allgemeinen positiv abgehoben haben und sich, von wenigen Einzelpersonen abgesehen, würdig verhalten haben. Viele von ihnen bemühten sich, die Leiden der Mithäftlinge zu lindern und riskierten dabei häufig ihr Leben, das schließlich unter den Bedingungen im Lager jeden Tag bedroht war. Ebenso wie die Häftlingsärzte zeigten ihrem Beispiel folgend auch die Häftlinge, die als Pfleger oder Schreiber in mittleren Funktionen eingesetzt waren, Beispiele überragenden Mutes. Ich erinnere mich an einen jungen tschechischen Medizinstudenten, Jan Bandler, den Schreiber von Block 21. Als die SS-Ärzte die Wirkung von Drogen ausprobierten, rief der Lagerarzt Wirths Bandler einmal zu sich und wies ihn an, zwei Häftlinge herbeizuschaffen, damit sie untersucht werden konnten. Bandler kehrte nach einiger Zeit zurück und sagte, er habe nur einen Häftling gefunden. Wirths fragte, wo der sei. Das bin ich, antwortete Bandler. Wirths ohrfeigte ihn, doch andere Konsequenzen hatte das für Bandler nicht.

Dass eine mutige Haltung gegenüber den SSlern für die Häftlinge weniger schlimme Folgen hatte als demütige Unterwürfigkeit, lässt sich an vielen Beispielen zeigen.

In diesem Lichte gibt es für das Verhalten von Doktor Dering und Leuten, die sich wie er verhielten, keine Rechtfertigung: Keinerlei Rücksichten, auch nicht die Angst um das eigene Leben, durften einen Arzt dazu bringen, die Befehle der SS-Ärzte so bereitwillig auszuführen.

Charlotte Delbo: Auschwitz-Häftlingsnummer 31 802
Adélaïde, genannt Haïdi, HAUTVAL

Sie wurde am 1. Januar 1906 in Le Hohwald, Departement Bas-Rhin (Elsass), geboren als jüngstes von sieben Kindern. Der Vater war Pastor. Sie hat ihren Doktor in Medizin in Straßburg gemacht und danach bis zu ihrer Verhaftung in neurologischen Instituten und Krankenhäusern gearbeitet.

Im April 1942 wollte sie aus persönlichen Gründen in die unbesetzte Südzone Frankreichs fahren. In Vierzon wurde sie von der deutschen Feldgendarmerie festgenommen, als sie die Demarkationslinie (zwischen der von Nazi-Deutschland besetzten Zone Nordfrankreichs zu der unbesetzten im Süden Frankreichs) überschreiten wollte. Sie wird in das Gefängnis von Bourges gesteckt, zusammen mit Juden, die ebenfalls an der Demarkationslinie oder bei einer Razzia aufgegriffen wurden. Haïdi Hautval, die deutsch spricht, protestiert gegen die Behandlung der Juden. »Gut, sagen die Deutschen, wenn Sie die Juden verteidigen, teilen Sie auch ihr Schicksal.« Sie wird ins Lager Pithiviers verbracht, ein Sammellager für Juden, die deportiert werden sollen. Die Zustände sind schrecklich. Haïdi Hautval wird von den Gefangenen zunächst mit Misstrauen betrachtet. Die Deutschen haben ihr einen gelben Stern mit der Inschrift »Judenfreundin« verpasst. Von Pithiviers wird sie in das Lager Beaune-la-Rolande verlegt; dieselbe Art von Lager, hauptsächlich von Juden bevölkert. Jeden Tag gibt es Transporte (man weiß noch nicht, dass sie zu den Gaskammern von Auschwitz führen).

Im November 1942 wird Haïdi Hautval in das Gefängnis von Orléans gebracht. Man nimmt ihr den gelben Stern ab, und dann wird sie in die Festung Romainville verlegt, wo sie am 17. November 1942 ankommt.

Auschwitz-Häftlingsnummer 31 802: Bei der Ankunft in Birkenau wird sie nicht gleich als Ärztin anerkannt. Sie wird zur Quarantäne in den Block 14 gesteckt, aber sie verlässt diesen Block nach fünf oder sechs Tagen, um Häftlingsärztin im Krankenrevier zu werden. Sie wird dem Block 22 zugewiesen, wo deutsche Häftlinge versorgt werden. Im April 1943 wird sie als

Ärztin in den Block 10 des Hauptlagers Auschwitz I geschickt. Das ist der Block der sogenannten medizinischen Experimente. Welche Experimente? Sterilisation von Frauen durch Injektion einer ätzenden Flüssigkeit. Wenn das Organ durch das Produkt »verbrannt« ist, wird es operativ entfernt. Der SS-Arzt Wirths (Lagerarzt) gibt vor, Forschungen über Krebs und Bluttransfusionen zu machen. Haïdi Hautval weigert sich, in den Operationssaal zu gehen und den Chirurgen zu helfen. Der SS-Arzt Rhode, Chef des Blocks 10, akzeptiert das: Sie wird die Operierten pflegen. Dr. Rhode ist ein merkwürdiger Mensch, ohne Zweifel froh darüber, nicht an der Front zu sein. Er sagt: »Wir sind nicht verantwortlich. Wir sind nur Instrumente anderer.«

Als Dr. Rhode den Block 10 verlässt, befiehlt sein Nachfolger Dr. Hautval, ihm im Operationssaal zu assistieren. Sie weigert sich. Zur Bestrafung wird sie nach Birkenau zurückgeschickt. Unter den Häftlingen kennt sie kaum noch jemanden: Es ist August 1943 und die ganze »Bevölkerung« des Lagers ist seit April erneuert worden. Die ungefähr 35 Französinnen des Transports vom Januar 1943, die noch in Birkenau sind, sind im Quarantäneblock. Die anderen sind in Rajsko (Nebenlager, Pflanzenversuchsstation, SS-Hygiene-Institut).

Am Abend des 16. August 1943 teilt Orli (eine Gefangene, Blockälteste des Krankenreviers) ihr mit, sie habe gehört, dass am nächsten Morgen Exekutionen stattfinden würden und dass man Dr. Hautval holen werde. Sie sagt zu ihr: »Du musst nachgeben.« »Nein«, antwortet Haïdi. Orli findet sich damit ab: »Nimm das, leg dich da hin und rühre dich nicht.« Sie gibt Haïdi ein Schlafmittel und weist ihr ein Bett im Krankenrevier an. Als Haïdi am nächsten Morgen aufwacht, ist alles in Ordnung. Haïdi hat nie genau gewusst, was passiert ist. Sie nimmt an, dass man der SS einen Leichnam übergeben hat, den man als den ihren ausgegeben hat. Das Urteil konnte nicht vollstreckt werden, weil sie bereits tot war. Aber wozu dient dann die auf ihren Unterarm tätowierte Häftlingsnummer, die Nummer, mit der die Leichname identifiziert werden? So viele Leichname wurden von Ratten angefressen, sie fraßen an tätowierten Armen wie an anderen Teilen – so konnte man tricksen. Der SS-Arzt, der die Getöteten untersuchen musste, mochte Haïdi Hautval gerne leiden: Er hat wohl nicht zu genau hingeschaut.

Mit diesem Arzt hatte Haïdi Hautval in der Tat viel zu tun, als sie in Block 10 war. Die Exekutionen (an der »Todeswand«) wurden unter den Fenstern des Blocks 10 durchgeführt. Sie muss Hunderte mitbekommen haben. Dieser SS-Arzt hatte Beziehungen zum Hygiene-Institut des Lagers. Dieses Institut machte auch Forschungen, setzte Nährlösungen an. Haïdi hat ihn oft gesehen, wie er Leichen suchte und zurückbrachte. Aber als man sie zurückbrachte, fehlten ganze Teile an Hüften und Schenkeln. Erst danach wurden sie von Leichenträgern zum Krematorium gebracht.

Als Haïdi Hautval aufwachte, war also alles in Ordnung gebracht, dank Orli. Sie wurde dann nicht zu den Überlebenden des Transports vom 24. Januar gesteckt, die noch in Quarantäne waren, sondern wieder als Ärztin in Birkenau eingesetzt. Sie konnte durch das Tor gehen und Kameradinnen pflegen. So hat sie Pépée (Paulette Prunières) pflegen können, die im September 1943 eine Rippenfellentzündung hatte.

Im November 1943 ist Haïdi Hautval an Typhus erkrankt, die Krankheit hat sehr lange gedauert. Sie konnte ihren Dienst erst im Februar/März 1944 wieder aufnehmen.

Am 2. August 1944 wurde sie mit den anderen (des Transports vom 24.1.) nach Ravensbrück verlegt. Ende 1944 hat man sie als Ärztin in das Lager Watenstedt (heute Stadtteil von Salzgitter) geschickt, wo eine Munitionsfabrik war. Aber nach drei Wochen hat die Lagerverwaltung von Ravensbrück gemerkt, dass sie eine »Nacht und Nebel«-Gefangene war und deshalb Ravensbrück nicht hätte verlassen dürfen. Deshalb hat man sie zurückgeholt. Hier war sie dann wieder Ärztin im Krankenrevier.

Nach der Befreiung von Ravensbrück, am 30. April 1945, ist sie mit Marie-Claude Vaillant-Couturier geblieben, um die nicht transportfähigen Kranken zu pflegen. Sie ist erst am 25. Juni 1945 mit den letzten kranken Franzosen zurückgekehrt.

Weil sie nicht Mitglied in einer Organisation oder einem Netzwerk des Widerstands war, hatte Haïdi Hautval große Mühe, die Deportiertenkarte zu bekommen. Im Dezember 1945 ist ihr das Kreuz der Ehrenlegion verliehen worden wegen ihres aufopferungsvollen Einsatzes für ihre Kameradinnen in den Lagern Auschwitz und Ravensbrück.

Über Marie-Claude Vaillant-Couturier, die ebenfalls am 2. August 1944 nach Ravensbrück gekommen war und dort als Schreiberin und im Krankenrevier arbeitete, heißt es:

Am 2. März 1945 wurden alle Überlebenden von Auschwitz, die »Nacht und Nebel«-Häftlinge waren, von Ravensbrück nach Mauthausen verfrachtet. Marie-Claude hatte es geschafft, dass sie nicht mitfahren musste, sie hat in dem beginnenden Durcheinander das Appell-Buch gefälscht. Sie konnte bei den Kranken im Revier bleiben, z. B. bei der todkranken Simone Loche. Am 23. April 1945 kam das schwedische Rote Kreuz und holte die Französinnen, Belgierinnen und Luxemburgerinnen. Die nicht transportfähigen Kranken konnten aber nicht mitgenommen werden. Diese sollten am 27. April mit der notwendigen Ausrüstung geholt werden. Marie-Claude und Haïdi Hautval sollten mit diesem allerletzten Transport mitfahren. Wusste man zu diesem Zeitpunkt, was die SS im letzten Augenblick machen würde? Gerüchteweise war zu hören, dass die Kanalisation des Lagers vermint sei. Das schwedische Rote Kreuz konnte aber diesen Transport nicht durchführen, die Straßen waren unterbrochen. Die SS hat das Lager am 28. April aufgegeben und verlassen. Jetzt hat man entdeckt, dass es unter den Männern, die in den letzen Tagen aus anderen Lagern nach Ravensbrück evakuiert worden waren, viele Franzosen gab und unter ihnen viele Kranke. Marie-Claude und Haïdi Hautval haben mit anderen Häftlingen die Verwaltung des Lagers in die Hand genommen. Tausende von Männern und Frauen gab es zu verpflegen und zu behandeln. Am 30. April kam die sowjetische Armee. Sie sind in Ravensbrück geblieben, bis alle französischen Kranken das Lager verlassen hatten, und haben ihnen bei der Behandlung, der Identifizierung und der Repatriierung geholfen.

Marie-Claude ist am 25. Juni 1945 nach Paris zurückgekehrt.
Aus: Le Convoi du 24 Janvier (Der Transport vom 24. Januar 1943), Paris 1995, Les Éditions de Minuit, S. 144 ff., 282 f.

Aat Breur: »Du bekommst die Hälfte meiner Brotration«

Haïdi Hautval und Aat Breur lernten sich im Revier in Ravensbrück kennen. Haïdi Hautval: »Wie ich Aat Breur traf? Es war eine jener Begegnungen, die zeigen, was der Zufall vermag. Es war in Ravensbrück. Krank war sie ins Revier eingeliefert worden, in meine Baracke. Eigentlich wollte sie woandershin, in eine Baracke, die sie besser kannte. Später hat sie mir gesagt, sie habe sich schon bei unserem allerersten Zusammentreffen beglückwünscht, dass man auf ihren Protest nicht eingegangen war. Es war der Beginn einer tiefen Freundschaft, die bis heute Bestand hat.«

Ravensbrück, 1. März 1945. Eine Gruppe Menschen aus unserem Block, Sintifrauen und Nacht- und Nebel-Gefangene, darunter auch ich, müssen wahrend des Appells vortreten. Ich bin lange genug im Lager, um zu wissen, was das heißt: Streichung aus der Lagerkartei und Transport. Die ermorden uns. Das ist ein Vernichtungstransport. In meinem Block bin ich schon gestrichen, sonst hätten die Listen beim Appell nicht mehr gestimmt. Mein Gefühl verheißt mir nichts Gutes. Über Nacht müssen wir im Strafblock bleiben und am nächsten Morgen in Fünferkolonnen antreten, um aus dem Lager zu marschieren. Und wieder das Gefühl: O Gott, was wird passieren?

Haïdi Hautval, die ich während meiner Rippenfellentzündung im Revier kennengelernt habe, läuft die Reihen ab. Sie trägt ein rotes Band, im Lager heißt das, sie hat eine Funktion. Sie sieht mich, zieht mich aus der Reihe und gibt mir einen kleinen weißen Lappen mit einer schwarzen Nummer. Irgendwie hat sie die Nummer einer Verstorbenen organisiert. Ich muss mir den Stofffetzen auf den Ärmel nähen und im gleichen Moment dafür sorgen, dass ich verschwinde, denn es ist schon gezählt worden.

Zuerst flüchte ich in eine Baracke und verkrieche mich auf eine der obersten Pritschen, fühle mich dort aber nicht sicher. Also runter und in den Abort. Es ist entsetzlich eklig. Fast alle im Lager haben Ruhr. Ich setze mich, ziehe die Türe zu und warte, was passiert. Alle Blöcke werden gründlich durchsucht, denn die Zahlen stimmen nicht. Auch an den Aborten laufen sie entlang. Aber sie fürchten sich vor Ansteckung und sind schnell wieder verschwunden. Ich verbringe Stunden hier. Ich weiß nicht, wie lange, vielleicht einen halben Tag oder länger. Es ist der angstvollste Moment in meinem Lagerleben, und der dauert an, bis der Appell endlich abgepfiffen wird. In diesem Augenblick habe ich aufgehört, im Lager zu existieren.

Aber ich bin ja da. Und es gibt niemanden, der eine Essensration für mich in Empfang nehmen könnte. Haïdi, die mir die Nummer gegeben hat, sagt sofort: »Du bekommst die Hälfte meiner Brotration.« Das nächste Problem: Ich muss irgendwo bleiben. Am Tag wie in der Nacht. Keine traut sich, mich in eine Baracke aufzunehmen. Erika Buchmann, eine deutsche Gefangene und Blockälteste, sagt schließlich: »Komm nur zu mir!« Sie ist in Block 10, der Tuberkulosebaracke. Tagsüber arbeite ich als Pflegekraft in dem Block, in dem Haïdi arbeitet. Ich habe keine Ahnung von Krankenpflege, aber das spielt überhaupt keine Rolle. Es geht ums nackte Leben, und man tut einfach das, was gefragt ist. Haïdi sorgt sogar dafür, dass ich ein rotes Band bekomme, sodass es so aussieht, als sei ich ein Funktionshäftling. Umso geringer wird die Gefahr von Kontrollen. Während der Appelle bin ich allerdings vogelfrei. Jeden Morgen und jeden Abend, wenn alle antreten, muss ich mich verstecken, immer in großer Angst, entdeckt zu werden: So schlage ich mich die letzten Monate im Lager durch.

Ende April. In den ersten Tagen herrscht großes Chaos im Lager. Menschen plündern die Häuser der SS oder richten sich dort ein. Andere verlassen das Lager und ziehen einfach auf gut Glück los, in Richtung Heimat. Ohne Essen, warme Kleidung, Schuhe oder Geld. Und die Soldaten der Roten Armee sehen all die Frauen und klettern durch die Fenster zu uns herein. Das geht natürlich auch nicht. Wir haben Sorge um die Kranken. Dann aber bekommen wir Sergej Wulanow, einen sowjetischen Kommandanten. Wir erhalten Ausweispapiere, und am Eingang werden Wachen postiert. Wir dürfen jederzeit hinaus, aber nicht jeder darf hinein.

Eines Abends sitzen wir nach dem Essen am Tisch. Die Kranken sind versorgt, auf dem Tisch steht das schmutzige Geschirr, und niemand hat Lust abzuwaschen. Plötzlich steht Haïdi auf, nimmt die Suppenschüssel und wirft sie durch das Fenster auf die Wiese. Auf unser Gefühl von Befreiung hat das solche Wirkung, dass wir Stück für Stück, alles, was auf dem Tisch steht, aus dem Fenster werfen. Endlich Freiheit! Wir suchen uns wieder neues Geschirr. Die Deutschen haben so irrsinnig viel gehamstert, dass wir uns fragen, was in Gottes Namen sie damit vorhatten. [...]

Abends waren wir immer total fertig, und dennoch erinnere ich mich an einen Abend, an dem Haïdi und ich spazieren gehen wollten. Wir sehen die Bäume um das Lager, aber wir wissen nicht, wie wir hingelangen sollen. Wir gehen bis zum Lagerzaun, können aber nicht durch, überall ist noch Stacheldraht. Da nähern sich auf der anderen Seite Russen zu Pferd. Obwohl wir einander nicht verstehen können, begreifen sie uns sofort. Sie steigen von ihren Pferden ab und kneifen mit einer Zange den Stacheldraht durch. Es ist rührend und wie ein Symbol. Nach unseren Jahren der Gefangenschaft sind wir Achtung und Respekt nicht mehr gewöhnt.
Zitiert in: Dunya Breur: Ich lebe, weil du dich erinnerst – Frauen und Kinder in Ravensbrück, Verlag Nicolai, Berlin 1997, S. 61, 196 f., S. 229.

Geneviève Leider: »Haïdi packte mit an«

Ich habe Dr. Adélaïde Hautval, genannt Haïdi, im KZ Watenstedt (bei Salzgitter) kennengelernt. Ich war Ende Juni 1944 mit einem Transport von 800 Frauen dort angekommen. Es gab keinen Arzt für uns. Im Laufe von einigen Wochen wurden die hygienischen Zustände unhaltbar: Unterernährt, übernächtigt von zu wenig Schlaf, kam es vor, dass wir auf dem Weg zur oder von der Fabrik einfach umfielen, wo wir 12 Stunden oder mehr pro Tag arbeiteten, oder während des Appells, wo wir regungslos stehen mussten, eine

Stunde oder länger, oft mehrmals am Tag. Schließlich forderte die Lagerverwaltung einen Arzt an. Das war Haïdi.

Haïdi Hautval war zunächst – im Januar 1943 – nach Auschwitz deportiert und dann im August 1944 in das KZ Ravensbrück verlegt worden. Von dort wurde sie bald darauf nach Watenstedt geschickt. Ich machte ihre Bekanntschaft kurz nach ihrer Ankunft. Ich war fürchterlich geschlagen worden, meine Kameradinnen hatten mich zum Krankenrevier gebracht. Haïdi behielt mich an diesem Tag nicht da, denn sie war überzeugt, dass man mich holen würde. Erst zwei oder drei Tage später nahm sie mich im Revier auf und schlug mir vor, als Schreiberin zu bleiben, weil ich ein bisschen Deutsch verstand.

Ihr Ziel war klar: Sie wollte es so anstellen, dass alle Häftlinge sich nach und nach auf dem Revier etwas erholen können. Die Brotrationen waren hier zwar kleiner, das ist wahr, aber man konnte sich dort ausstrecken, man musste nicht zu den Appellen, man fror nicht, musste nicht die fast 1,5 Kilometer lange Strecke zur Fabrik praktisch im Laufschritt bewältigen. Aber das wollten die Lagerverwaltung und die Direktion der Reichswerke »Hermann Göring«, die uns mit der Produktion kleiner Granaten beschäftigte, nicht hinnehmen.

Wiederholt kam der SS-Arzt zur Kontrolle aufs Revier. Aber Haïdi, die sehr gut deutsch sprach, begnügte sich damit, einige Häftlinge zu entlassen – um sie wenig später durch andere zu ersetzen. Das konnte nicht lange gut gehen. Der SS-Lagerkommandant schaltete sich ein. Zosia, eine polnische Krankenschwester, von Haïdi in ihrem Buch »Pani Socza« genannt, teilt mir mit, dass Haïdi auf die Kommandantur bestellt worden ist. Es ist Herbst, das Wetter ist noch schön, das Bürofenster des Kommandanten steht offen; Zosia und ich verstecken uns hinter einer Hecke, die das Lager von der Kommandantur trennt. Von dort beobachten wir folgende Szene: Der SS-Mann lümmelt sich in einem Sessel hinter seinem Schreibtisch, Haïdi steht vor ihm. Er brüllt. Sie antwortet ganz ruhig. Sie erklärt ihm, dass die Häftlinge geschwächt sind und sich erholen müssen, wenn die Behörden wollen, dass sie weiterarbeiten. Und sie fügt hinzu: »Herr Kommandant, Sie können mit mir machen, was Sie wollen, aber eins ist sicher – und Sie Herr Kommandant wissen es sehr gut: Der Sieger von uns zweien werden nicht Sie sein.« Ich glaubte, dass er sie anspringen würde, so wütend war er.

Er hatte seine Entscheidung gefällt: Sie wird nach Ravensbrück zurückgeschickt. Zwei Tage später verlässt Haïdi Watenstedt, ohne dass wir sie noch einmal sehen konnten. Sie wird durch eine polnische Ärztin, Dr. Ludwika Tarkowska, ersetzt. Mitte April 1945 rückten die westliche und die östliche Frontlinie näher heran. Es wurde beschlossen, uns nach Ravensbrück zu evakuieren. Dort traf ich Haïdi wieder, sie nahm mich in ihre Mannschaft im Krankenrevier auf.

Am 23. oder 24. April halten Omnibusse des schwedischen und dänischen Roten Kreuzes vor dem Eingangstor. Alle transportfähigen Häftlinge können das KZ verlassen. In den Baracken zurück bleiben Hunderte von Häftlingen unterschiedlicher Nationalität – Polinnen, Russinnen, Französinnen, Belgierinnen, Holländerinnen usw., die nicht aufstehen können. Mit ihnen bleiben Ärztinnen, Krankenpflegerinnen – viel zu wenige für alle diese Kranken. Natürlich sind Haïdi und Marie-Claude Vaillant-Couturier mit dabei. Ich bin zwar weder Ärztin noch Krankenpflegerin, aber ich kann einen Verband anlegen, Spritzen geben und Kranke waschen, ihnen beim Essen und Trinken helfen. Ich beschließe zu bleiben. So bin ich also von Ende April bis Ende Juni mit Haïdi, Zosia, Dr. L. Tarkowska und der Holländerin Aat Breur zusammen gewesen.

Die SS-Leute hatten sich gleich nach der Abfahrt der transportfähigen Gefangenen aus dem Staub gemacht. Sie hatten aber das Tor verschlossen und damit den Stacheldraht über der Mauer unter Strom gesetzt. Wir waren also einige Tage im Lager eingeschlossen. Aber am 28. oder 29. April kamen die sowjetischen Truppen. Ihr Kommandeur war ein junger, gutwilliger Mann, der sehr schnell Ärzte zusammentrommelte, denen er ungefähr Folgendes sagte: »Die Kranken sind sehr schwach, weil sie nicht genug zu essen bekommen haben. Ab sofort geben wir ihnen dieselben Rationen wie unseren Soldaten.« Die Ärzte protestierten heftig und versicherten ihm, dass das die Frauen umbringen würde. Er war tief getroffen und beteuerte, dass die Rationen der Soldaten groß und die Nahrung ausgezeichnet seien. Haïdi bemühte sich, ihm zu erklären, worum es ging. Marie-Claude und die russische Ärztin Antonina (Nikiforowna) übersetzten: Die Kranken müssten erst langsam wieder an normale Ernährung gewöhnt werden. Schließlich begriff der Kommandeur. Er entschied, sich Gemüse, Salat, Geflügel, Eier usw., was die Kranken brauchten, bei den Einwohnern von Fürstenberg (dem Städtchen in der Nähe von Ravensbrück) zu besorgen. Die Zubereitung geschah in der Lagerküche. Wir waren in die Baracken eines benachbarten kleineren Lagers umgezogen.

Jeden Morgen machte Haïdi bei den »westlichen« Kranken Visite. Die anderen hatten ihre Ärzte. Die Russen besorgten uns fast alle notwendigen Medikamente, schließlich war der Krieg noch nicht zu Ende, und sie brauchten auch welche für ihre Kranken und Verwundeten. Sie haben uns auch Blut für Transfusionen beschafft.

Ich stimme nicht mit Haïdi überein, dass wir nur wenige Tote nach der Befreiung des Lagers gehabt hätten. Sobald unsere transportfähigen Kameradinnen gefahren waren, haben wir unsere Kranken so untergebracht, dass jede ein Bett für sich hatte. Haïdi packte mit an. Auch wenn die armen Frauen erschreckend mager waren, hatten wir doch Mühe, sie zu tragen, selbst zu zweit. Noch eine Änderung: Wir hatten saubere Bettwäsche entdeckt, als wir in der »Kanada«-Baracke herumsuchten, wo alle unsere Sachen aufbewahrt wurden, die man uns bei der Ankunft abgenommen hatte. Wir konnten also die Bettwäsche aller Häftlinge wechseln. Aber sie lagen dort reglos, schwach, oft sahen wir sie weinen. Man musste versuchen, sie zu unterhalten. Das »organisierte« Piano, von dem Haïdi in ihrem Buch spricht, wird in unserer Baracke aufgestellt. Es war eines der ersten Dinge dieser unerlässlichen Zerstreuung. Haïdi ist musikalisch. Sie spielt und lässt ein Lächeln in viele Gesichter zurückkehren. Aber sie erlebt auch eine Ernüchterung: Kriegsgefangene hatten in Fürstenberg Partituren, u. a. von Chopin, ergattert. Haïdi setzt sich ans Piano und spielt. Korrekt, den Noten entsprechend. Aber unter unseren Patienten gibt es zwei Polinnen, die kurz vor dem Krieg das Musikkonservatorium von Warschau beendet hatten. Sie kommen näher und fragen, ob »Pani Doktor« ihnen erlaubt zu spielen. Natürlich. Und jetzt erklingt ein ganz anderer Chopin auf dem Klavier: der polnische Chopin der Walzer und Mazurkas. Haïdi hat Tränen in den Augen (obwohl Gefühlsregungen nicht ihre Art waren). Und als die »Internationale« erklingt, erhebt sie sich, als wäre es die »Marseillaise«.

Bis zum Ende unseres »Aufenthaltes« in Ravensbrück organisiert Haïdi, hervorragend unterstützt von Dr. Tarkowska, das Leben im Krankenrevier so: am Morgen alle medizinischen und hygienischen Arbeiten (Waschen, Aufräumen, Putzen – hier machen zunehmend die Genesenden mit), dann Mittagessen (unsere Ärztinnen schauten regelmäßig in der Küche nach; dort wurden sehr bald Häftlinge eingesetzt an der Seite der deutschen Frauen, die oft böswillig waren); danach Mittagsruhe. Haïdi war in diesem Punkt sehr streng: Essen, Mittagsruhe und dann freie Zeit, davon profitierten vor allem auch die, die bereits aufstehen und gehen konnten. Unsere Unterhaltung für die, die noch liegen mussten, haben wir hauptsächlich nach der Mittagsruhe gemacht. Haïdi spielte Klavier, wir sangen und ermunterten die im Bett liegenden mitzumachen. Haïdi lernte sogar polnische Tänze, die Zosia und ich dann aufführten.

Der Rhythmus des Sterbens hatte sich verlangsamt. Man hätte sagen können, dass die Kranken die Befreiung des Lagers abgewartet hätten, um dann als »Freie« zu sterben. Trotzdem nahm der Wagen noch jeden Tag Leichen mit. Haïdi empfahl uns dringend, sorgfältig darauf zu achten, die leblosen Körper nicht den Überlebenden zu zeigen, damit ihre Moral sich nicht verschlechterte.

Auf diese Weise wurde es Ende Juni. Haïdi schreibt in ihrem Buch von unseren letzten Tagen im Lager. Die Russinnen waren bald heimgekehrt. Die Polinnen, Tschechinnen und Ungarinnen warteten wie wir. Nach der Abreise von Marie-Claude Vaillant-Couturier mit den tapfersten Französinnen sind Haïdi und ich zusammen mit der genesenen Aat Breur und den Französinnen, Belgierinnen und Holländerinnen zurückgeblieben, die noch in einem schlechten Gesundheitszustand waren. Aber als d'Astier und Chapmann (die beiden französischen Offiziere, die ihre Rückkehr aufgeschoben haben, um uns zu helfen) uns vorschlugen zu fahren, haben wir begeistert angenommen. Offene Lastwagen, von russischen Soldaten gefahren, haben uns bis nach Lübeck gebracht, wo wir einige Tage unter ziemlich entsetzlichen hygienischen Verhältnissen geblieben sind. Wir hatten keine Wäsche zum Wechseln, keine Seife (Gott sei Dank gab es Wasser) und keinen Schimmer, wann wir nach Frankreich zurückkehren konnten. Glücklicherweise hatte ein französischer Fliegeroffizier davon gehört, dass sich in diesem schrecklichen Durcheinander Französinnen, darunter Rekonvaleszenten, befänden und fragte uns, ob wir sein Flugzeug nutzen wollten. Die Antwort ist leicht auszudenken.

Ich war noch nie in ein Flugzeug gestiegen. Haïdi, glaube ich, auch nicht. Also haben wir uns auf die Suche nach einem Medikament gegen die Luftkrankheit gemacht. Das war auch gut so, denn es war ein Jagdflugzeug, das mehr den Eindruck machte, zu hüpfen statt zu fliegen. Nachdem wir die Genesenden untergebracht hatten, haben wir trotzdem eine wundervolle Reise gehabt und uns die Nase an den Fenstern plattgedrückt. Der Kopilot kündigte uns die Grenze an, und der Pilot drehte am Ende der Reise eine Runde über Paris, statt direkt zum Flughafen Le Bourget zu fliegen. Das war sehr bewegend.

Von Le Bourget brachte uns ein Omnibus ins Hotel »Lutetia« in der Rue de Rennes, wo sich die rückkehrenden Deportierten trafen, bevor sie zu ihren Familien fuhren. So haben wir unseren letzten gemeinsamen Abend verbracht. Wir wurden auch medizinisch untersucht. Am nächsten Morgen hieß es Abschied nehmen.

Nachdem ich mich wieder an die Freiheit gewöhnt hatte, habe ich es mir nach einigen Jahren zur Gewohnheit gemacht, zweimal im Jahr nach Groslay zu fahren, wo Haïdi in einem großen Haus wohnte, zunächst mit einer Freundin, die sie hingebungsvoll gepflegt und deren Leben sie verlängert hat, dann nach dem Tod dieser Freundin alleine. Solange sie die Kraft hatte, holte sie mich mit dem Wagen am Bahnhof ab. Im Herbst 1987 hatte ich das Glück, mit Dr. Tarkowska zu ihr zu fahren. Das hat ihr eine sehr große Freude bereitet. Im Juni 1988 habe ich sie das letzte Mal gesehen.

Ihre Krankheit war fortgeschritten, sie konnte nicht mehr Klavier spielen. Das war ganz schrecklich für sie.

Aus: Brief vom 12.12.1997 an Marlène S., Schülerin am Lycée von Barr (anlässlich der Ausstellung und des Kolloquiums in Le Hohwald).

Erlauben Sie mir, an jene, wahrscheinlich wenig bekannte Episode im Leben von Dr. Hautval zu erinnern, während der ich das Glück hatte, ihre Bekanntschaft zu machen. Es war in Watenstedt. Sie kam dort wenige Wochen nach der Eröffnung dieses kleinen Zwangsarbeitslagers an, das am Anfang 800 Frauen zählte. Es war im Sommer 1944. Bis dahin hatten wir keinen Arzt. Sie hat also das Krankenrevier »eröffnet« und das Hilfspersonal ausgesucht, sie wollte einen möglichst repräsentativen Querschnitt aller Nationen, die in Watenstedt waren: Nadja Ponomarenko, eine junge Ukrainerin, die gerade ihr Medizinstudium in Kiew beendet hatte; Zofia Falowska (von Haïdi »Pani Socza« genannt), eine polnische Aristokratin, die beschäftigungslos ihr Studium in Warschau begonnen hatte, und die sich als unvergleichliche Krankenpflegerin entpuppte, und Alicja Kaminska, eine andere Polin, die wunderbar französisch, deutsch und russisch sprach und als Übersetzerin für die Kranken dienen konnte. Ihr übertrug Dr. Hautval die Verwaltung des Krankenblocks. Nach und nach verstärkten andere Häftlinge das Personal, unter anderen auch ich.

Das Prinzip unserer Frau Doktor war einfach: Das Revier sollte ein Ort der Erholung werden und für einen oder zwei Tage Häftlinge aufnehmen, die von der Arbeit in der Fabrik entkräftet waren, selbst wenn sie nicht wirklich krank waren. Die Lebensmittelrationen für die Kranken im Revier waren zwar noch schmaler als die für die »arbeitenden« Häftlinge. Aber für 24 oder 48 Stunden ausgestreckt liegen zu können, in Ruhe, in einem großen, sauberen Raum, ohne von SS-Leuten angeschrieen zu werden, ausschlafen zu können, den Appellen zu entkommen, nicht bei jedem Wetter zur Arbeit gehen zu müssen – das alles entschädigte mehrmals dafür.

Sehr schnell gab es nicht mehr genug Betten im Revier, und man musste weitere aufstellen. Erst einige Dutzend, dann zirka hundert, schließlich waren ständig zweihundert Häftlinge für einige Zeit im Krankenblock. Das konnte nicht dauern: Alarmiert durch den SS-Arzt bestellte der Lagerkommandant unsere Frau Doktor ein. Zofia Falowska und ich waren beunruhigt wegen dieser ungelegenen Vorladung. Wir versteckten uns in den Büschen zwischen Lager und Kommandantur; von dort aus konnten wir durch die geöffneten Fenster die (auf Deutsch geführte) Unterhaltung zwischen Dr. Hautval und dem Kommandanten mit anhören. Er brüllte, beschuldigte sie der Sabotage, weil sich zirka ein Viertel der Häftlinge auf dem Revier befand. Sie antwortete ganz ruhig, mit ihrer üblichen Würde. Der Sieger war nicht der Kommandant. Auch wenn er sie in den Arrest sperrte und am nächsten Tag ins Lager Ravensbrück zurückschickte.

Ich habe Dr. Hautval im April 1945 nach der Evakuierung des Lagers Watenstedt vor den herannahenden alliierten Truppen wieder getroffen. Sie arbeitete im Krankenrevier von Ravensbrück. Ihr ganzes »Personal« aus Watenstedt stellte sich ihr zur Verfügung. Dr. Ludwika Tarkowska, die sie sehr achtbar in Watenstedt vertreten hatte, arbeitete auch im selben Block wie sie. So haben wir gemeinsam diese letzten Wochen in Ravensbrück erlebt, die Evakuierung des Lagers unter der Aufsicht des Schwedischen Roten Kreuzes und somit die Abfahrt der meisten Häftlinge.

Aus: Brief vom 4.11.1991 an den Bürgermeister von Le Hohwald, Gérard Hazemann.

Erna Lugebiel: »Sie hat mich gerettet«

Die Häftlingsärztin im Revier war die Französin Dr. Hautval. Sie war groß und hatte kurz geschnittenes, glattes, dunkles Haar. Wenn die SS kam, machte sich jeder kleiner, um dem Unheil zu entgehen, duckte sich. Sie, wenn sie mit der SS sprach, wurde immer größer, sie wuchs förmlich vor denen auf. Ich muß mich heute noch wundern, was für einen Respekt die SS vor dieser Frau hatte. Es wurde erzählt, dass sie sich in Auschwitz geweigert hatte, Kinder zu sterilisieren. Kommt SS-Arzt Dr. Treite, sagt zu ihr: »Die Stubenälteste paßt mir nicht.« Ich wußte warum. Ich habe den Frauen die Decke umgelassen, bis sie vor ihm standen. Auch die Holzpantinen an den Füßen. Sie sollten aber nackt zu ihm kommen. Ich fand das so, ich kann gar nicht sagen, wie, würdelos fand ich das, unsäglich erniedrigend. Am ersten Tag hatte ich einen Anblick, den ich nie vergesse. Eine

Frau ging auf die Toilette, nackend, mit kahl geschorenem Kopf. Ich sah, wie sich die Knochen bewegten. Dass die überhaupt noch laufen konnte! Ganz zum Schluss sah ich selber so aus. Ich konnte die Frauen so nicht gehen lassen, hängte ihnen also die Decke um. Das nahm er mir übel. Dann habe ich ihm nie die Tür aufgemacht, die mußte er sich selber mit dem Fuß aufstoßen. Er wollte mich los sein. Dr. Hautval stand da, ganz ruhig, sah den frechen Treite an, den hundsgemeinen Kerl. »Die Erna ist meine beste Stubenälteste, die gebe ich nicht her.« Welcher Mut gehörte dazu!

Kurz vor dem Zusammenbruch, als die SS das KZ räumte, die Häftlinge schon alle hinausgetrieben worden waren, wollte Dr. Kurth, eine deutsche Häftlingsärztin, mich aus dem Lager jagen. »Ich bin nicht freiwillig hergekommen und gehe jetzt nicht raus.« Dr. Hautval stellte sich vor mich: »Die Erna ist krank.« Sie hat mir eine Revierkarte ausgeschrieben und mich gerettet. Sie war eine außerordentliche Frau.
Aus: Gerda Szepansky, Frauen leisten Widerstand: 1933–1945, Fischer Taschenbuch Verlag, Frankfurt am Main 1991, Die Kameradschaft war für mich das Höchste, S. 172 f.

Anne Fernier: Die Zeugenaussage von Haïdi Hautval

Haïdi Hautval wurde als Ärztin einem Block von deutschen »Asozialen« (Prostituierte, Verbrecher – grüne und schwarze Winkel) zugewiesen, die wegen ihrer Zugehörigkeit zu der höheren, unverdorbenen Rasse bevorzugt wurden. Dort begegnete ihr anfangs eine gewisse Feindseligkeit. Aber ihre schwesterliche Behandlung und ihre Mühe berührten einige von ihnen, die sie »Heilige« nannten. Die Blockälteste, eine Prostituierte, wurde ihre Freundin und half ihr später. Haïdi bekam Typhus; als exzellente Klinikärztin notierte sie bei ihrer Rückkehr die außerordentliche Realität des Typhus-Fieberdeliriums, das sie selbst erfahren und vorher bei ihren Kameradinnen beobachtet hatte. Sie war dann im Revier von Birkenau, dieser sonderbaren Krankenstation, wo man Gefangene »heilte«, während man sie direkt nebenan massiv und pausenlos vernichtete.

Man muss das kleine schreckliche und wunderbare Buch von Haïdi lesen – wunderbar, weil es ihr gelingt, auf siebzig Seiten ein vollständiges Bild des KZ Auschwitz zu entwerfen – dank ihrer scharfen Beobachtungsgabe und ihres knappen Schreibstils: kein Wort zu viel, kein Detail zu wenig. Man muss es auch den uns behandelnden oder befreundeten Ärzten zu lesen geben. Denn ein bedeutender Teil des Werkes ist dem berühmt-berüchtigten Block 10 gewidmet. Seine Besonderheit war, dass er zwar mitten im Männerlager (Auschwitz I) lag, aber Frauen von Birkenau dorthin gebracht wurden, begleitet von Pflegerinnen, um als »Versuchskaninchen« für jene medizinischen »Experimentatoren« herzuhalten, die von höchster Stelle beauftragt waren, der durch die NS-Ideologie irregeleiteten Eugenik und der seit 1934 heimtückisch praktizierten Euthanasie zu dienen. Haïdi war Ärztin. Sie kann beurteilen, was sie sieht und was sie mitbekommt – was ihr im Übrigen erlaubte, nach dem Krieg unter besonderen Bedingungen Zeugnis abzulegen. Sie hat mehrere dieser Ärzte gekannt, fast alle hohe SS-Offiziere, und hat sie kurz porträtiert, psychologisch und mit ihrer üblichen Objektivität. Sie unterscheidet die nicht mehr zu rettenden Monster wie Mengele, Clauberg, Weber, Klehr und die, die ihr wie von der Gehorsamspflicht gegenüber den Führerbefehlen gelähmt schienen, wobei diese unter einem anderen Regime wohl zwar mittelmäßige (Haïdi schätzte ihre Fähigkeiten als ziemlich begrenzt ein), aber halbwegs brauchbare Ärzte gewesen wären. Sie beobachtet, dass sie unter sich niemals über Moral oder Politik diskutieren, niemand erwähnt nicht einmal den Versailler Vertrag!

Die kriminellen deutschen Ärzte stellten sich keine Gewissensfragen. Haïdi dagegen tat es. An dem Tag, als man sie von der Pflege der Kranken abzog und sie aufforderte, bei der Sterilisierung jüdischer Häftlinge, ganz gesunder junger Männer und sehr junger Frauen, einem »ausgesuchten Menschenmaterial« mitzumachen, weigerte sie sich kategorisch. Sie wurde denunziert und zu dem Chefarzt Wirths bestellt. Dort wiederholte sie ihre Weigerung, widersprach seinen rassistischen Argumenten und versicherte erneut, dass die Juden menschliche Wesen wie die anderen auch sind.

Dr. Wirths war verblüfft und sprachlos. Haïdi wurde ins Lager Birkenau zurückgeschickt, aber sie war in Gefahr. Am Tag, als die Todesdrohung näher rückte, gelang es der Blockältesten des Krankenbaus, einer deutschen Kommunistin, sie zu verstecken und zu retten.

Wie hätte Haïdi nach ihrer Rückkehr nach Frankreich die Appelle vergessen können, bei denen Selektionen für die Gaskammer stattfanden, wo neben ihr ihre abgemagerten, frierenden, vor Entsetzen erstarrten Kameradinnen (das Herz klopfte wie verrückt unter unseren Knochen, erzählte eine Überlebende) auf das Zeichen warteten, das sie zu einem unsäglichen Tod verurteilte. Wie hätte sie die grausamen und sadistischen Wachmannschaften, die zynischen Ärzte, die Folterkammer, die Schreie der ohne Betäubung sterilisierten Frauen und die Transporte zur Vernichtung und zum Krematorium vergessen können, die sie manchmal schluchzen ließen? Ihre Notizen blieben unter Verschluss, aber sie blieb nie passiv. Sie sagte in Trier als Zeugin gegen Prof. Clauberg aus. Sie arbeitete an dem Buch »Nationalsozialistische Massentötungen durch Giftgas« mit, das ihr Freund und Auschwitz-Kamerad, der Österreicher Hermann Langbein angeregt hatte. Aber die größte Tragweite hatte zweifellos ihre Zeugenaussage beim Dering-Prozess in London. Haïdi hat uns zweimal in Voix et Visages von diesem Prozess erzählt, einmal 1964, als der Prozess lief und dann 1972, als die französische Übersetzung von »Auschwitz in England«, das bemerkenswerte Werk von zwei herausragenden englischen Juristen, Mavis Hill und J. Norman Williams, bei Calman-Lévy erschien. Die Autoren berichten in diesem Buch, das für mich so packend wie ein guter Roman ist, ausführlich über die Debatten, stellen die sich manchmal widersprechenden juristischen, medizinischen und moralischen Gesichtspunkte des Verfahrens gegenüber, die das Urteil bestimmen sollten.

Erinnern wir uns an die Fakten. Dr. Dering, ein nach Auschwitz deportierter Pole, inzwischen in England naturalisiert, war der gelehrige und aktive Mitarbeiter der NS-Ärzte, die Sterilisationen vornahmen. In unglaublicher Leichtfertigkeit hatte er es für gut befunden, Leon Uris, den Autor des berühmten »Exodus«, und dessen Verleger wegen Verleumdung zu verklagen, weil ein Absatz des Buches sich unter Nennung seines Namens auf diese Mitarbeit bezog. Bedeutende Zeugen wurden von der Verteidigung in den Zeugenstand gerufen: drei deportierte Ärzte (darunter Haïdi), medizinische Sachverständige, Opfer, fünf griechische Männer und sieben Frauen, die wie durch ein Wunder überlebt hatten, aber sterilisiert und in schlechtem Gesundheitszustand waren, deren Aussagen die Zuhörer zu Tränen rührten. Und nicht zu vergessen: der »stumme Zeuge«, das Tagebuch, in dem die »chirurgische Eingriffe« an den Gefangenen des Blocks 10 mit Angabe ihrer Häftlingsnummer verzeichnet waren; diese Nummer war auf ihren Arm tätowiert, identifizierte die Häftlinge und machte ihre Aussagen unwiderlegbar. Dieses Tagebuch befindet sich heute im Museum von Auschwitz. Der Richter sprach darüber wie von einem historischen Dokument von beträchtlicher Bedeutung und beschwor die Mitglieder der Jury, es mit größtem Respekt zu benutzen.

Dieser Prozess erregte dank der englischen Presse großes Aufsehen. Die großen Zeitungen, angefangen mit der sehr seriösen *Times*, berichteten während der dreizehn Verhandlungstage täglich. Einhellig akzeptierten sie, die

Namen der Opfer-Zeugen zu verschweigen, obwohl sie ein Recht hatten, sie zu nennen – ein gutes Beispiel für Verantwortungsbewusstsein und Sinn für Würde. Die Zeitung *Daily Mirror* gab an guter Stelle und fettgedruckt die Aussage von Dr. A. Hautval vom 30. April 1964 wieder. Hier ein paar Zeilen aus »Auschwitz in England«:

Nachdem sie dieses eine und einzige Mal einer jungen Griechin, der die Eierstöcke entfernt werden sollten, die Narkose gegeben hatte, kündigte sie Dr. Samuel an, dass sie jede weitere Beteiligung ablehnen werde.

Lord Gardiner (Anwalt der Verteidigung): Und was passierte dann?

Dr. Hautval: Er denunzierte mich bei Dr. Wirths, der mich einbestellte und mich fragte, ob es wahr sei, dass ich mich geweigert habe. Das ist wahr, sagte ich ihm. Er wollte wissen, weshalb und ich antwortete ihm, dass das meiner Auffassung von Medizin widerspreche.

Lord Gardiner: Was hat er dazu gesagt?

Dr. Hautval: Er hat mich gefragt: Sehen Sie denn nicht, dass diese Leute anders als Sie sind? Ich habe ihm geantwortet, dass es sehr viele von mir verschiedene Menschen gebe, angefangen bei ihm!

(Der Richter bewertete diese Aussage später als überwältigend und meinte, dass die Erinnerung daran wahrscheinlich für lange Jahre im Gedächtnis der Geschworenen bleiben werde.)

Richter Lawton schrieb in seinem Urteil: »Es ist erlaubt, Frau Dr. Hautval als eine der mutigsten und eindrucksvollsten Frauen zu bezeichnen, die je vor einem Gericht dieses Landes ausgesagt haben: eine Person von hohem Charakter und eine außergewöhnliche Persönlichkeit!«

Das war auch die Meinung der Israelis. 1965 verlieh ihr das »Institut zur Erinnerung an die Märtyrer und Helden« (Yad Vashem) die Gerechtigkeitsmedaille. Sie lehnt zunächst ab mit dem Argument, dass der Titel »Gerechter unter den Völkern« allein Gott zukomme und dass das, was sie im Lager gemacht habe, doch ganz natürlich und logisch sei und sich aus einer moralischen Pflicht ergebe.

Um auf diesen außergewöhnlichen Prozess zurückzukommen, in dem der Kläger nach und nach zum Angeklagten geworden war: Die Entscheidung der Geschworenen entsprach Buchstaben und Geist des Gesetzes. Die Jury erkannte auf Verleumdung und sprach dem Kläger … einen halben Penny Entschädigung zu. Und Dr. Dering musste die Kosten tragen.

In Frankreich sprach man kaum über den Dering-Prozess. »Auschwitz in England« interessierte die – zu politisierten oder oberflächlichen oder beides – Journalisten, Kritiker, Intellektuellen sehr wenig. Vercors dagegen war begeistert von der Lektüre dieses Buches und wollte Haïdi Hautval kennenlernen. Er traf sie bei mir. Sie hatten eine sehr lange Unterhaltung über die Lager, ihre Organisation, die Selektionen, die Operationen und »Versuche«, die hochmütige und wahnwitzige Ideologie der Nazis, schließlich über den Prozess, das schlechte Gewissen von Dr. Dering und seiner Anwälte, die beherrschte Objektivität des Richters, die Haïdi sehr bewunderte. Vercors und seine Frau verschlangen ihre Worte. Schließlich gingen sie auf den Bericht über ihre Zeugenaussage ein.

»Sehen Sie«, sagte Haïdi nicht ohne Humor, »ich habe mich spezialisiert in Psychiatrie und ich habe gelernt, dass man den ›Degenerierten‹, wie die Nazis sie nannten, die Stirn bieten muss, wenn man will, dass sie sich beugen und schweigen!«

»Aber Sie riskierten doch, dass Dr. Wirths Sie in die Gaskammer schickt!«

»O ja, das war nicht ausgeschlossen«, schloss Haïdi mit ihrem harten und charmanten elsässischen Akzent.

Wozu soll das gut sein, diese schrecklichen Erinnerungen aufzufrischen?, sagen manche, das ist doch Vergangenheit!

Irrtum, das ist Gegenwart …

Aus: Voix et Visages, N° 227, November/Dezember 1991, S. 1 ff. »Le témoignage d'Haïdi Hautval«.

Dunya Breur: »Den eigenen Widerstand versteckt«

Im Sommer waren wir fast immer in Frankreich, in Groslay, einer kleinen Stadt in der Umgebung von Paris, oder aber in Guebwiller in den Vogesen, bei der Familie Hautval, mit denen wir in den Bergen zelteten.

Diese Ferien waren wunderschön. Während dieser Ferien lachte meine Mutter oft, und sie war froh und glücklich. Unsere schönen Ferien dort machten es meiner Mutter möglich, nicht nur den Krieg zu vergessen, sondern auch die schwere Zeit als Witwe eines Kommunisten im Kalten Krieg der Nachkriegszeit.

Aber je älter ich wurde, desto deutlicher wurde es für mich, dass die beiden Frauen etwas sehr Wichtiges vor uns und vor sich selbst versteckten: ihren eigenen Widerstand während der Nazizeit und ihr eigenes Elend.

Und dieses Elend war verborgen in den Zeichnungen meiner Mutter, die sie ebenfalls versteckte. […] Ich habe Haïdi angerufen, um ihr von diesen Zeichnungen zu erzählen. Haïdi war sehr erstaunt, wollte sie sehr gerne sehen, und nicht lange danach bin ich mit dem Zug zu ihr gefahren. [...] Als ich begann, zu den Zeichnungen meiner Mutter ein Buch über all das Erfahrene zu schreiben, machte sich Haïdi große Sorgen. In Frankreich waren ja Stimmen, die behaupteten, es habe keine Gaskammern gegeben in den Konzentrationslagern. Es wurde öffentlich gesagt. Faurrisson war einer dieser Menschen.

Wie man so mit der Wahrheit umgehen konnte, empörte sie aufs Äußerste. Die Vorstellung, in mein Buch könnten sich irgendwelche Fehler einschleichen, war ihr ein Gräuel.

Immer gab es diesen besorgten Blick in ihren Augen, diesen tiefen Ernst in ihrer Stimme, als sie mit mir über den Krieg und seine Folgen sprach. Früher hatte sie über Blumen mit mir gesprochen, über Musik, über die französische Sprache, über Frankreich, als sie mir Wörter ihrer Sprache beibrachte und mit Liebe zuhörte, wie mein Bruder und ich mit dieser Sprache »anknuddelten«. Sie hatte nicht erwartet, ich würde sie je über den Krieg befragen.
Aus: Zwei Leben – eine Freundschaft, Vortrag auf der Konferenz: Freundschaften in der Hölle – Überlebensstrategien im Frauenkonzentrationslager Ravensbrück 1939 – 1945. Mahn- und Gedenkstätte Ravensbrück, Fürstenberg/Havel, 12.11.2004–14.11.2004.

Sie war die Erste, die ich anrief, als ich 1980 zum ersten Mal die Zeichnungen meiner Mutter sah. Ich habe ihr immer berichtet, wie ich mit meinen Recherchen vorankam. Ihr zeigte ich – wenn es sich um Sprachen handelte, die sie lesen konnte, also Deutsch und Französisch – die Manuskripte, auf die ich bei meiner Suche nach der Vergangenheit stieß; jene Vergangenheit, die sowohl sie als auch meine Mutter so lange vor mir verborgen hatten. Doch Haïdi mochte keine Öffentlichkeit, sie hatte auch Angst vor ihr – nicht die ganz normale Angst, denn wenn es einen Menschen gab, der keine Angst hatte, dann war sie es –, sondern Angst davor, dass wir nicht sorgfältig genug sein könnten, unsere Worte falsch aufgefasst würden. Angst, dass man die Wirklichkeit hinter den Bildern meiner Mutter vielleicht gar nicht wahrnehmen würde. Haïdi achtete immer darauf, dass mir keine Fehler unterliefen und ich nicht zu literarisch vorging. Das Buch sollte der Wahrheit entsprechen!

In einem schmalen, aber beeindruckenden Band *Médecine et crimes contre l'humanité*, der erst nach ihrem Tod 1991 veröffentlicht wurde, hat sie ihre Lagererfahrungen schließlich noch zu Papier gebracht. Alles, was

sie aus Ravensbrück mitgenommen hatte, gab sie mir – ein Buch, Notenhefte, von ihrer Hand gezeichnete Karten, auf denen sie das Heranrücken der Alliierten eingezeichnet hatte, sowie 42 Zeichnungen von Zosia Grzeźólka, die von der Schwerarbeit und dem Schuften in dem kurzen Zeitraum, den sie selbst mit Begeisterung Die Republik Ravensbrück nannten, zeugen.
Aus: Dunya Breur: Ich lebe, weil du dich erinnerst, S. 251 f.

Auf dem Hautval-Brunnen steht in den sieben Sprachen
der Mit-Gefangenen in Auschwitz und Ravensbrück:
»Denke und handle getreu den klaren Quellen deines Wesens« /
»pense et agis selon les eaux claires de ton être«)

Der Hautval-Brunnen in Le Hohwald

Dokumente von Adélaïde Hautval

Die folgenden Texte schrieb Adélaide Hautval unter ihrem Pseudonym »Olivier«.

Die Apostel der Lager

Die Psychologie der Konzentrationslager! Niemand, der nicht dort gewesen ist, kann die düstere und beunruhigende Komplexität darstellen. Ein Strom, der Schlamm und noch mehr Schlamm mit sich führt, unbezähmbare Strudel, Pflanzen, die versuchen, sich zu halten, aber gegen ihren Willen mitgerissen werden, und nur hier und da ein paar feste Felsen, die Sicherheit und Halt bieten.

Was für ein schrecklicher Prüfstein ist das Leben in diesen Lagern! Die Lebensbedingungen liegen so weit außerhalb des normalen Laufs der Dinge; kein Gesetz der Gesellschaft, kein uraltes Gesetz hält die Gier zwangsläufig in lebenswerten Grenzen – im Gegenteil! Das ganze KZ-System besteht darin, die auflösenden Elemente zu fordern und ungesunde Gärungen zu provozieren. Die Versuchungen sind so stark, und allzu oft scheint es, dass die einzige Möglichkeit für diejenigen mit den besten Absichten »leben oder verrecken« ist. Und um leben zu können, muss man andere vernichten? Diejenigen, die noch in Freiheit sind, ihren Willen und ihre Hingabe unter Beweis gestellt haben, werden schwach und lassen sich von der Strömung mitreißen, die sie zu ihrer Sache macht.

Der Hunger, der schreckliche, nagende Hunger! Wie viele von denen, auf die man schaute, haben wir gesehen, wie sie in eine erbärmliche Gleichgültigkeit verfielen, ihren Geist und ihre Seele verengten und sich nur für eines interessierten: was sie essen würden oder nicht essen würden. Ist das wirklich möglich? Ist das der Mensch?

Es ist der »struggle for life«, der Selbsterhaltungstrieb, der so weit getrieben wird, dass er zur Grausamkeit wird. Ach, »sie« wissen, was sie tun! Sie verstehen es ausgezeichnet, wie fachkundige Bergleute, die trübsten Elemente aus der menschlichen Seele herauszuholen. Eine der Methoden, die sie für ihr System bevorzugten, bestand darin, gewöhnliche Strafgefangene, Prostituierte und »politische« Gefangene nebeneinander leben zu lassen. Den ersten wurden systematisch Wach- und Kommandoposten übertragen. So herrschte das Willkürliche. Der Wunsch, Menschen zu vernichten, die ihnen im normalen Leben Vorgesetzte sind, eröffnet den neuen Potentaten unbegrenzte Möglichkeiten für Terrorismus, Missbrauch und Diebstahl. Hass und Rachegelüste, aber auch Kriecherei, Denunziation und Schmeichelei, nur um gut dazustehen, sind die Folge.

Wir sehen, dass andere, einfallsreiche Menschen, mit diesem System Erfolg haben. Warum das nicht auch tun? Warum dumm und dämlich krepieren, ohne dass jemand davon profitiert? Wenn wir in unser Land zurückkehren – wenn überhaupt – haben wir Arbeit zu erledigen, es gibt unsere Familie, die uns braucht, wir haben kein Recht, sie mit unnötigen Skrupeln zu frustrieren. Hier gilt: das Leben zuerst! Und was im normalen Leben nicht so wichtig wäre, da diese Missbräuche automatisch durch ein organisiertes soziales Leben eingeschränkt werden, in dem der Nachbar – zumindest im Prinzip – genauso viele Rechte hat wie man selbst, nimmt in einem Lager enorme Ausmaße an. Von Kompromiss zu Kompromiss wird der Sinn für Grenzen abgestumpft und man rutscht den Hang hinunter.

Und die Angst, sie verwandelt die Menschen in Feiglinge. Der Wunsch zu leben, ist so intensiv und hat Vorrang vor allen anderen Überlegungen. Die Hoffnung, dass »sie« Sie vielleicht verschonen, wenn Sie bereit sind, alles zu tun, was sie von Ihnen verlangen, lässt Sie jede Arbeit annehmen, bis hin zu der, ihnen bei ihren Verbrechen zu helfen. Die Angst vor dem, was wahrscheinlich auf Sie zukommt, versetzt Sie in Panik, und Sie haben nur einen Gedanken: dem zu entgehen – mit allen Mitteln. Angst und Selbsterhaltungstrieb verwandeln liebende Mütter in ängstliche und schwache Kreaturen. Während die Gefahr, die ihr Kind bedroht, normalerweise den mütterlichen Verteidigungsinstinkt steigert, hat man Mütter gesehen, die ohne einen Schrei oder eine Geste der Verteidigung mit ansehen, wie ihre kleinen Kinder mit einem Lastwagen entführt wurden; man sah nur noch ihre kleinen Hände, die sich am Rand des Wagens festhielten, man hörte nur noch ihre verzweifelten Rufe: »Mama, Mama«, aber diese blieben aufrecht, erstarrt, ohne einen Aufstand, und doch wussten sie, wohin sie gebracht wurden.

Und dann gibt es die anderen, denen gesagt wurde, dass sie Auschwitz verlassen würden, wenn sie in der Fabrik arbeiten wollten, aber sie müssten ihre Kinder zurücklassen – allein in diesem Lager, von dem sie wussten, dass es ein Vernichtungslager war. Viele haben zugestimmt und sind von diesem Ort des Schreckens geflüchtet, manchmal sogar von ihren eigenen Kindern, die durchaus bewusst zu ihnen sagten: »Geh, Mama, du musst dorthin gehen«. Aber wie viele haben diesen Moment der Schwäche mit unsäglichen Gewissensbissen und Qualen bezahlt, die sie an den Rand des Wahnsinns brachten.

*

Aber in dieser unendlichen Not, der systematischen Zerstörung der wahren Werte, gibt es einige stabile Punkte, leuchtende Punkte, welche die tiefe Niedertracht des Menschen lebendig widerlegen und die sichere, freudige Bestätigung von etwas Unveränderlichem sind, auf das man sich stützen kann.

Die Apostel der Lager! Sie waren in einem bestimmten Gebiet ziemlich dünn gesät, aber in ihnen spiegelt sich der ganze lange Leidensweg der Gefangenen. Die meisten sind unbekannt, namenlos, Symbole des »unbekannten Soldaten«, man hat sie gesehen, nur wenige Freunde kennen ihre Namen, aber ihre Taten bleiben bestehen und haben Früchte getragen.

Es gab mehrere Arten von Aposteln, die sich eingebracht haben, um den anderen zu Hilfe zu kommen. Ich meine damit all jene, die sich aus Verantwortungsgefühl für ihre Mitmenschen, aus Mitleid für die leidende Menschheit und aus dem Wunsch heraus, die menschlichen Werte vor dem physischen und psychischen Verfall zu retten, eine stetige und ermüdende Arbeit auferlegt haben, und die mit List und Tücke versucht haben, anderen materielle Hilfe zu leisten, sei es in Form von Nahrung oder Kleidung. Aber ich höre auch diejenigen, die gekämpft haben, die sich durch ihre Haltung oder ihre Taten denen entgegengestellt haben, die der ganzen Menschheit ihre Bosheit aufzwingen wollten. Es war schwer, sehr schwer, in den Lagern selbst zu bleiben, seinen Überzeugungen treu zu bleiben, sich nicht unterkriegen zu lassen. Es gab jene, die durch ihre bloße Existenz strahlten, die bestätigten, woran man nicht mehr zu glauben wagte. Dann gab es jene, die einfach »zuhören« konnten, die sich für die Schwierigkeiten und Leiden der anderen interessierten und an ihnen teilnahmen, anstatt sich in ihrem Kreis des Elends und der persönlichen Interessen zu verschanzen. Denn eines der Leiden im Lager ist auch das Gefühl, alleine zu sein angesichts dieser Schwere, ein Strohhalm zu sein, und dass, wenn heute oder morgen der Tod uns holen würde, man nur eine weitere Leiche sein würde, abends auf den makabren Lastwagen geworfen. […]

*

In jeder Abteilung gab es Mitglieder der Heilsarmee, die versuchten, sich gegen die unnachgiebigen Befehle der Deutschen zu wehren.

Oder erinnern Sie sich an Mala[1], ihre Position als »Läuferin« (Verbindungsperson) diente ihr dazu, vielen Kameradinnen zu helfen, sie zu vermitteln und Dinge anders zu machen, als es befohlen wurde. Man wendet sich nicht vergeblich an sie; sie ist immer bereit, einen Dienst zu leisten. Leider flieht sie, wird aber nach zwei Wochen wieder gefasst, und zahlt einen hohen Preis. Sie wird zum Tod durch den Strang verurteilt, und nachdem sie sich mutig von ihren Kameradinnen verabschiedet hat, versucht sie, sich selbst zu töten und wird schließlich in die Gaskammer gebracht.

Andernorts wurden Nummern und Unterschriften gefälscht und »illegale« Krankenblätter für die Krankenstation angefertigt. Es ging so oft darum, die deutschen »Schwestern« zu täuschen, die entscheiden sollten, welche Kranken im Revier aufgenommen werden sollten und welche man in ihrer Ecke »krepieren« lassen sollte. Und die vielen Verbände, die entgegen den Anweisungen angelegt wurden, die Medikamente, die der Wachsamkeit der zuständigen »Schwester« entzogen wurden. Auf der Station selbst ging der Betrug weiter: falsche Diagnosen, falsche Fieberkurven. Die Stunden nach dem Besuch des Arztes wurden genutzt, um die Spuren seiner Anordnungen zu verwischen (z. B. wurden Kranke, die kaum stehen konnten, abgeführt). Nichtkranke wurden unter dem Vorwand einer Krankheit monatelang festgehalten, weil sie beim Verlassen des Reviers mit Strafen wie z. B. 25 Stockhieben rechnen mussten.

Eine besonders furchtbare Abteilung war das Krankenrevier für ungarische Jüdinnen. Sie befanden sich in einem erbärmlichen Zustand, da sie nur in sehr schweren Fällen aufgenommen wurden. Die Selektion hat hier leichtes Spiel, denn man hat nur die Qual der Wahl. Vor allem die mit ansteckenden Krankheiten werden gnadenlos aussortiert. Und die Ärztin – selbst Jüdin – versucht Tag für Tag verbissen zu retten, was sie kann. Wider besseres Wissen überzeugt sie einen SS-Arzt, dass es sich nicht um Scharlach, sondern um Nesselsucht handelt. Die kleine Patientin hat genaue Anweisungen erhalten, damit sie sich nicht verrät. Sie weiß, dass sie sagen muss, dass der Ausschlag unmittelbar nach einer Mahlzeit aufgetreten ist, dass sie einen heftigen Juckreiz verspürt und dass es ihr sonst gut geht – und die List gelingt … leider nicht immer.

1 Malka (»Mala«) Zimetbaum (1918–1944), belgische Widerstandskämpferin polnisch-jüdischer Herkunft, im KZ Auschwitz ermordet.

Besondere Bewunderung verdienen diejenigen, die sich von den Misshandlungen nicht entmutigen ließen und ihre Position auch mit dem Versprechen aufrechterhielten, die Behandlungen einzustellen, wenn sie sich bereit erklärten, ihre Mitmenschen zu denunzieren. Ich denke jetzt besonders an das Mädchen, das noch studierte, das »sie« auf diese Weise zu bekommen versuchten, indem sie es eine Tortur nach der anderen erleiden ließen. Sie hat nicht nachgegeben. Ich weiß nicht, wie viele von denen, die von sich und ihrem Mut überzeugt waren, hätten widerstehen können. Ich kann es für mich nicht sagen.

*

Klein, ohne jegliches Aufheben von sich selbst, eine Kleidung, eine Frisur, die ihr völliges Desinteresse an ihrer äußeren Erscheinung zeigte, aber eine reine Seele. Sie ist überaus schüchtern, leicht zu erregen und ahnt nicht im geringsten, welchen Einfluss sie ausüben kann, aber sie hat eine unglaubliche Energie, Ausdauer und sanfte, aber wirksame Autorität, wenn sie glaubt, sich ihnen entgegenstellen zu müssen, und sie tut es bis zum Ende, wobei sie nur das Wohl der Kranken im Sinn hat, während sie manchmal tief in ihrem Inneren eine schreckliche Angst verspürt, von der nur diejenigen etwas ahnen, die ihr sehr nahe stehen. Sie hatte die Berufung zum Arztberuf, ist unermüdlich im Einsatz und geht über die Grenzen der Vernunft hinaus.

Wir alle erinnern uns an die unermüdliche Annie, die nach drei Jahren der Behandlung zahlreicher Fälle ebenfalls an Typhus starb. Unverdrossen ließ sie Suppen kochen, fand Bettwäsche und Kissen, sah, was fehlte, und ruhte nicht, bis sie es gefunden hatte. Wer die Entbehrungen in den Baracken kennt, die katastrophalen Zustände in den Krankenstationen, die unmögliche Nahrung für Schwerkranke, wer die Hoffnung erlebt hat, die auf denen ruhte, die sich von ihren Rationen trennten oder Wunder des Einfallsreichtums vollbrachten, um seltene Nahrungsmittel zu beschaffen, weiß, was das bedeutet. Wir werden das nicht vergessen!

*

Der Befehl ergeht, die Krankenstation eines Arbeitslagers in aller Eile zu räumen. Die SS-Männer laufen dort herum. Es ist verboten, Schwerkranke mitzunehmen. Was tun? Es gibt niemanden, der helfen kann; die beiden Krankenschwestern sind alleine. Schnell entschlossen schnappen sie sich eine Trage und laden unter dem Gejohle der SS-Männer eine Kranke nach der anderen auf und rennen los, um sie zum Zug zu bringen, da die SS-Männer nicht warten wollen. Die Haut der Hände knackt, die Handgelenke geben nach, die Beine wollen ausweichen, aber der Wille verzehnfacht ihre Kräfte; man muss es schaffen, nicht eine einzige darf zurückbleiben, das ist nicht möglich. Oh Gott, wir können nicht mehr, aber wir müssen weitermachen. Die SS schlägt reihenweise auf die Kranken ein; unter Schreien, Johlen und Schlägen werden sie in den Zug verladen. Endlich die Letzte. Es war höchste Zeit! Es ging nicht mehr weiter. Eine Überprüfung in allen Räumen findet statt, um sicherzugehen, dass niemand vergessen wurde. Und dann folgt eine traurige Odyssee quer durch Deutschland, 14 Tage lang, mit Schwerkranken und sogar einem Baby. Das Wichtigste ist getan, dank der unglaublichen Hingabe des Personals. Selbst intravenöse Injektionen werden im Zug verabreicht, die Spritzen mit behelfsmäßigen Mitteln gekocht, die Wäsche des Babys gewaschen, das knappe Trinkwasser so regelmäßig und gerecht wie möglich verteilt und dadurch so wenig Tote wie möglich, nur die, die ohnehin nicht hätten gerettet werden können.

Jeder hat seine eigene Art und Weise, gegen die KZ-Wächter zu kämpfen. Mir gefällt die geistreiche, leichte Art von Jacqueline unendlich gut. Ich lächle, wenn ich daran denke. Sie macht sich über sie lustig, aber – nicht scheinbar. Ihr verträumtes Gesicht erregt nicht ihr Misstrauen. Sie sieht immer so aus, als wäre sie vom Mond gefallen. Und dann – weil sie genau weiß, worum es geht – sieht sie immer so aus, als würde sie mit Verspätung begreifen, genau im richtigen psychologischen Moment. Und die Hand des Deutschen hebt sich, um zuzuschlagen, und sie ist schon am anderen Ende der Baracke. Und sie findet nicht ihresgleichen, wenn es darum geht, aus dem Lager der Deutschen Pullover, Kleider und andere Sachen zu klauen, denn es müssen so und so viele Kameraden, die nichts zum Anziehen haben, eingekleidet werden. Und es geht nicht nur darum, diese Dinge zu stehlen, sondern auch an den strengen Kontrollen vorbei ins Lager zu schmuggeln. Faustschläge und Stiefeltritte gehen auf die unglücklichen Frauen nieder. Doch sie lässt sich nicht erwischen, und so wird die Garderobe einer Gefangenen nach der anderen aufgebaut.

Ich sehe sie noch vor mir: eine zierliche Frau, eher zurückhaltend und so bescheiden, die ihre intensive geistige Ausstrahlung mit einer solchen Einfachheit um sich herum ausübt, die ihre ganze Seele gibt, ihren ganzen Glauben ausdrückt, ihr Vertrauen bekräftigt, alle tröstet, die sich ihr nähern, immer heiter, obwohl ihre zarte Seele furchtbar leidet. Und eines Tages kommt die Selektion, die Vernichtung. Sie ist in der einen Gruppe und sieht in der anderen eine junge Frau, der sie sehr hatte helfen und ihr beistehen müssen. Sie stellt sich die Verzweiflung der zweiten Gruppe vor und kommt zu dem Schluss: »Nein, du kannst sie den letzten Schritt nicht alleine gehen lassen, du musst ihr noch mal helfen«, und geht zur zweiten Gruppe. Die erste Gruppe ist vergast worden …

*

Ja, es bleibt etwas unsagbar Trauriges in unseren Herzen zurück, wegen all dem, was wir gesehen haben, wegen all der Feigheit, deren Zeuge wir wurden. Aber ich denke, dass diese Ereignisse uns vor allem unendliches Mitleid mit der Menschheit einflößen sollten; wir sollten uns davor hüten, Steine auf jene zu werfen, die nicht widerstehen konnten. Keiner weiß, wie er in einer solchen Situation gehandelt hätte.

Und auch deshalb gelten unsere bewegten und dankbaren Gedanken denen, die eine Ausnahme gemacht haben, die das Erbe des Kostbarsten, was die Menschheit besitzt, gerettet haben. Und es ist ihnen auch zu verdanken, dass wir, wenn uns die Angst vor der Zukunft überkommt (warum sollten wir verheimlichen, dass wir voller Glauben, Hoffnung und Kraft von dort zurückgekehrt sind – und auf all' die alten Fehler und wenig wirksamen, realen und systematischen Kampf gestoßen sind), durch die Gedanken an sie wieder Mut fassen und nicht am Schicksal unseres Landes und dem Wert des Menschen zweifeln wollen.

Quelle: Zeugin: Eine Ärztin, Deportierte; »Olivier« in der Résistance = Adélaide Hautval, Quelle: Éditions Défense de la France, 1946, S. 199–204. Übersetzung aus dem Französischen von Hermann Unterhinninghofen und Florence Hervé.

Auschwitz (1946)

[…] Und sie alle ziehen an meinen Augen vorbei: die, die ich kannte und die der Schrecken nicht besiegen konnte, und die Millionen, die ich nicht kannte und die alle ihr unsägliches Leid als Opfergabe mitbrachten.

Was für eine unerhörte Summe von Schmerz, Willenskraft, Heroismus und Hoffnung. Und die unschuldigen kleinen Kinder, die getötet und verbrannt wurden, bevor sie begreifen konnten, was gut und was böse ist! Warum das alles?

Warum? Es liegt an uns, die Antwort zu geben, nicht auf das tiefere Warum, denn das liegt außerhalb unserer Vorstellungskraft, aber es liegt an uns allen, an jedem Einzelnen von uns, in ihrem Namen an einer neuen Welt zu arbeiten, in der solche Dinge nicht mehr möglich sind, in der Respekt, Menschenwürde und Brüderlichkeit keine leeren Worte mehr sind und spirituelle Werte wieder den ihnen gebührenden Platz einnehmen. Wenn man alle, die in der Katastrophe der NS-Zeit untergegangen sind, fragen würde: »Wollen Sie das noch einmal erleben, oder ziehen Sie diese Erneuerung vor?«, dann weiß ich, dass die Antwort eindeutig ausfallen würde … wären wir so ahnungslos und feige, sie zu enttäuschen, zu betrügen, sie zu verspotten und ihr Opfer zu verhöhnen?

Quelle: »Olivier« alias Adélaide Hautval, Auszug aus »Auschwitz«, Éditions Défense de la France, 1946, S. 162. Übersetzung aus dem Französischen von Hermann Unterhinninghofen.

Initiativen für das Gedenken an Haïdi Hautval

Gérard Hazemann: Ein Dorf ehrt seine große Bürgerin

Frage: Herr Hazemann, das Dorf Le Hohwald gedenkt und ehrt in vielfältiger Form Frau Dr. Hautval. Was gab den Anstoß dazu?

Hazemann: Mehrere Begebenheiten trugen dazu bei, dass der Geburtsort von Dr. Hautval seiner großen Bürgerin 1991 ein Denkmal errichtete. Am 1. Januar 1906 wurde Adélaïde Hautval, genannt Haïdi, als Tochter des Pastors Haas-Hautval in Le Hohwald geboren. Nach ihrem Medizinstudium eröffnete Dr. Hautval mit ihrem Bruder in Le Hohwald ein Heim für behinderte Kinder. Aus dieser Zeit ist Dr. Hautval mir im Gedächtnis geblieben. Über ihr späteres Schicksal und ihre Auszeichnungen wurde wenig gesprochen oder in den Zeitungen berichtet.

Drei Jahre nach ihrem Ableben erschien die erste Auflage ihres Buches *Médecine et crimes contre l'humanité* (Medizin und Verbrechen gegen die Menschlichkeit), eine Reihe von Notizen, die Dr. Hautval Freundinnen für eine eventuelle Veröffentlichung anvertraut hatte. Ihr Bruder Emmanuel Hautval übersandte mir kurz nach dem Erscheinen eine Ausgabe. Beim Lesen des Inhalts, der so fesselnd verfasst war, kam mir die Idee, den Brunnen dieser unser großen Bürgerin als Denkmal zu widmen. Ich war tief bewegt und beeindruckt von ihrer Zivilcourage, Hilfsbereitschaft, Geradlinigkeit, ihrer Charakterstärke und ihrem Mut.

Wie ein Puzzle fügten sich daraufhin die Ereignisse zusammen. Ein Spender hatte mir kurz zuvor erklärt, er wolle der Gemeinde Le Hohwald einen Brunnen stiften. Die Pläne lagen bereits vor, weitere Spenden wurden aufgetrieben und der Auftrag zur Errichtung sogleich im Einverständnis des Gemeinderates vergeben. Die feierliche Einweihung erfolgte am 11. November 1991 in Gegenwart bedeutender Persönlichkeiten. Dr. Irka Konieczna aus Danzig, Aat Breur aus Holland, zahlreiche überlebende Leidensgenossinnen sowie die Verwandtschaft von Dr. Hautval waren angereist.

Frage: Wie ging es danach weiter und was waren die Ziele?

Hazemann: Die Zeitungen und das regionale Fernsehen berichteten über die Einweihung. In den Deportieren-Zeitungen wurde erneut über die außergewöhnliche Persönlichkeit Dr. Hautvals und ihr Eintreten für ihre Mithäftlinge geschrieben. Sie, die kompromisslos für die Achtung der Menschenrechte eintrat, verweigerte dem berüchtigten Lagerarzt Dr. Mengele die Mitwirkung an den sogenannten Experimenten im Block 10 des KZ Auschwitz.

Zusammen mit Hans Adamo, Mitglied des Studienkreises Deutscher Widerstand 1933–1945, nahm ich Kontakt zu Lehrern des Gymnasiums von Barr und ihren Schülern auf, ebenso zu Deportierten- und Verfolgtenverbänden usw. Im Mai 1998 wurde ein zweitägiges Kolloquium zum Thema »Haïdi Hautval und die Menschenrechte« in Le Hohwald organisiert. Gymnasiasten aus Barr haben das Leben von Dr. Hautval erforscht und eine sehenswerte Ausstellung gemacht. Kameradinnen wie Aat Breur, Geneviève Leider und Gertrud Müller haben Zeugnis abgelegt, ein Mitglied des Europäischen Gerichtshofs von Straßburg hat über die aktuellen Bedrohungen der Menschenrechte referiert.

Damals wurde die Idee zu einem »Marsch gegen das Vergessen« geboren. An der Wanderung vom ehemaligen KZ Struthof nach Le Hohwald (zwölf Kilometer) im Oktober 1998 nahmen zahlreiche Menschen aus Frankreich und Deutschland teil. Am Brunnen würdigte Anise Postel-Vinay, ehemalige Ravensbrück-Deportierte, in einer bewegenden Ansprache ihre Kameradin Haïdi Hautval.

Frage: Wie ist die Erinnerung über den örtlichen Rahmen hinaus verbreitet worden?

Hazemann: Nach dem Kolloquium und der Wanderung entstand die Idee, einen dauerhaften Weg anzulegen, als Gedenken an die Verbrechen des NS-Regimes und an diejenigen, die sich dem widersetzt haben. Helga Schmidt aus Kehl gebührt die Ehre, diese Idee angeregt zu haben. Im Verlauf späterer Beratungen wurde empfohlen, den Gedächtnisweg mit anderen Erinnerungsstätten im Elsass zu verknüpfen und über die Landesgrenze ins Badische zu verlängern. Das Internationale Zentrum für die Einführung in die Menschenrechte (CIDH) in Sélestat unter Leitung von Lucienne Schmitt und ihr Team hat in mühevoller Arbeit das Dossier erstellt, um einen europäischen Finanzbeitrag zu bekommen, der wesentlich zur Realisierung des Weges beitrug. Ein besonderer Dank gebührt den Mitgliedern des Vogesenclubs für die Beschilderung des Wanderwegs.

Der »Weg der Erinnerung und der Menschenrechte« mit einer Länge von 23 Kilometern wurde am 10. Juni 2006 feierlich eröffnet. Er beginnt in Schirmeck (ehemaliges SS-Sicherungslager; Gedenkstätte für die jüngere Geschichte Elsass-Lothringens), führt zum ehemaligen KZ Natzweiler-Struthof (Gedenkstätte; Europäisches Zentrum für die deportierten Widerstandskämpfer), und über den Vogesenkamm an einem Gedenkstein vorbei zum Haïdi-Hautval-Brunnen in Le Hohwald. Eine weitere Wegstrecke geht vom Bahnhof Rothau zum KZ Struthof, wohin die Häftlinge nach ihrer Ankunft hinaufgetrieben wurden. Weitere Verbindungen (per Straße) bestehen mit dem Internationalen Zentrum für die Einführung in die Menschenrechte (CIDH) in Sélestat, dem Tunnelstollen von Sainte-Marie-aux-Mines, den jüdischen Friedhöfen in Rosenwiller und Straßburg-Cronenburg (hier wurden die Überreste der 86 in Struthof vergasten Juden aus Auschwitz beigesetzt), zur Rheinbrücke, an den Bahnhof Kehl und zuletzt zur Freiheitsgedenkstätte Rastatt. Der Weg soll dazu anregen, die als eine Konsequenz aus den Naziverbrechen entwickelten Menschenrechte zu beachten und an ihrer praktischen Verwirklichung mitzuarbeiten.

Frage: Was sind für Sie die wichtigsten Eigenschaften in der Persönlichkeit von Frau Hautval, um an sie zu erinnern und sie als Vorbild darzustellen?

Hazemann: Haïdi Hautval war ein Mensch, der nur für andere Menschen lebte, sich verausgabte und stets auf deren Wohl bedacht war. Eine Frau, die motiviert durch ihre christliche Erziehung selbstlos für die Gerechtigkeit ihrer Mitmenschen eintrat; die nie Dank für sich beanspruchte und alles als ihre selbstverständliche Pflicht ansah. Unerschütterlich und unbeugsam vertrat sie ihre Ansichten, was Recht und zum Wohl der Mitmenschen war und was Unrecht und zum Schaden der Menschen war. So handelte sie auch. Jede Ungerechtigkeit war ihr zuwider. Sie trat standhaft für ein gerechtes Verhalten anderen Menschen gegenüber ein. Nehmen Sie als Beispiel ihr Eintreten für die misshandelte Familie in Bourges. Sie schaute nicht weg, sondern mischte sich ein. Sie schlug das verlockende Angebot aus, im Tausch gegen einen Widerruf ihrer Aussagen freizukommen. Jeder sollte sich fragen, wie er sich in einer solchen Situation verhalten hätte.

Oder nehmen Sie den Mut, unter den unmenschlichen Bedingungen des KZ Auschwitz einem SS-Arzt ins Gesicht zu sagen, dass sie die sogenannten Menschenversuche für unvereinbar mit den ärztlichen Prinzipien hält und deshalb eine Teilnahme ablehnt.

Das ist das Zeichen einer großen Charakterpersönlichkeit. Wenn man das verinnerlicht, muss man staunen, wie diese Frau ihrer Überzeugung gerecht wurde und trotzdem sich nie dessen rühmte, was sie für andere Leute tat. Das erfordert, das Zeugnis dieser Frau weiterzugeben.

Frage: Der »Weg der Erinnerung und der Menschenrechte« führt vom Hohwald zum Struthof. Welche Beziehung gibt es zwischen beiden Orten?

Hazemann: Dr. Hautval litt unter demselben Regime, das die Konzentrationslager errichtet hat, u. a. das KZ Struthof ganz in der Nähe ihres Geburtsortes. Dort wurden Menschen eingekerkert, gequält und ermordet, weil sie eine andere Meinung hatten, für die Freiheit kämpften oder wegen ihrer Herkunft verfolgt wurden. Und es gibt noch eine direktere Verbindung. Haïdi Hautval hat, so schreibt sie in ihren Notizen, die 86 Menschen in Auschwitz noch gesehen, die dann über Straßburg ins KZ Struthof gebracht wurden, wo sie den verbrecherischen Experimenten von Prof. Hirt zum Opfer fielen und vergast wurden.

Frage: Es gibt Leute, die bestreiten, dass die Nazis Millionen von Juden, Zigeunern, Angehörige slawischer Völker und anders Denkende umgebracht haben …

Hazemann: Dr. Hautval war über die Negationisten, die diese schlimmen Ereignisse verneinen oder verharmlosen, sehr betrübt und erschrocken. Das war ihr zuwider. Sie hat sich auf ihre Art eingemischt: durch die Mitarbeit an einem Buch über die Gaskammern, mit Artikeln. Und das war auch der entscheidende Grund, kurz vor ihrem Tod ihre Notizen zu überarbeiten und ihren Kameradinnen zu übergeben, damit das Zeugnis erhalten bleibt.

Die Charakterfestigkeit einer solchen Persönlichkeit, die sich den Zumutungen auch in dieser unseligen Zeit widersetzte, das muss der Jugend vermittelt werden. Damit sich solche Dinge nie wiederholen. Und damit durch das Beispiel klar wird, dass man sich gegen Verletzungen der Menschenrechte wehren kann und muss, mit Wort und Tat, auch durch kleine Gesten. Jede Generation muss natürlich ihre eigenen Erfahrungen machen.

Frage: Sie sprechen häufig mit jungen Menschen. Was sollen sie heute machen? Was können sie von dem Verhalten von Haïdi Hautval lernen? Was geben Sie ihnen mit auf den Weg?

Hazemann: Die Schüler sind sehr aufnahmefähig. Der Gerechtigkeitssinn steckt in den meisten von ihnen. Sie sollen das Zeugnis des Eintretens für die Menschenrechte aufnehmen und weitergeben und für andere Leute einstehen, denen Unrecht geschieht.

Frage: Es gibt Kontakte über die Grenzen. Welche Rolle messen Sie diesem europäischen Aspekt der Erinnerungsarbeit an den Widerstand gegen die Nazis bei?

Hazemann: Wir Elsässer und Badischen wohnen ja beide im Rheingraben und haben dieselbe mittelalterliche Geschichte hüben und drüben miterlebt. Es gab die Zwistigkeiten der Regierungen, die Menschen beiderseits des Rheins wurden (künstlich) getrennt. Viele Menschen sind miteinander verwandt, es gibt keine großen Unterschiede. Das muss wieder zusammenwachsen wie zur der Zeit, als Straßburg und Sélestat/Schlettstadt Zentren der Humanität für die Menschen beiderseits des Rheins waren. Wir haben eine gemeinsame Verantwortung für die gemeinsame Zukunft. Wir müssen Ausgrenzung, Fremdenhass, Verfolgung von anders Denkenden und Schwachen bekämpfen und für die Einhaltung der Menschenrechte sorgen.

Frage: Manche Menschen sagen: Das ist so lange Jahre her, lass diese Zeit mal beiseite, lass uns lieber über die Zukunft reden. Ist es noch nötig, über die NS-Zeit, die Verfolgung, KZ, Widerstand und Befreiung zu reden und daran zu erinnern, zu mahnen und Konsequenzen für das Handeln zu ziehen?

Hazemann: Ich bin der Ansicht, dass man nur aus der Geschichte für die Zukunft lernen kann. Menschenfeindliche Taten, Verbrechen im Namen einer menschenverachtenden Ideologie, die Ausgrenzung von Menschen aus politischen oder rassistischen Motiven sowie der Krieg dürfen nicht in Vergessenheit geraten, sie dürfen sich nicht wiederholen. Ebenso müssen Hilfe für Verfolgte, Beispiele der Verweigerung und des Widerstands im Gedächtnis bleiben und immer wieder als Ansporn für entsprechendes Verhalten in heutiger Zeit in Erinnerung gebracht werden.

Frage: Die Erinnerungsarbeit wird getragen von Zeitzeugen. Es gibt nur noch sehr wenige Überlebende. Wer soll nach ihnen die Erinnerungsarbeit fortführen?

Hazemann: Heute, mit dem materialistischen Geist und den Ereignissen, die jeden Tag ablaufen, besteht die Gefahr, dass dies in Vergessenheit gerät. Aber in den Schulen, in den Geschichtsbüchern sollten sich die verantwortlichen Politiker mehr mit diesem Thema befassen. Und immer wieder heraufbeschwören, was damals geschah, damit die Erinnerung wach bleibt, als Mahnung, dass die Menschen das nicht vergessen und die Menschenrechte gewahrt werden.

Frage: Am Haïdi-Hautval-Brunnen in Le Hohwald steht ein Satz. Welche Botschaft geht von diesem Satz aus?

Hazemann: Eine Nichte, Madame Hélène Hautval, hat den Satz vorgeschlagen, der zum Nachdenken darüber anregen soll, dass jeder Mensch die gleiche Menschenwürde hat und dass wir gehalten sind, jedes menschliche Wesen zu achten. Er wurde zunächst in drei Sprachen angebracht. In Französisch: »Pense et agis selon les eaux claires de ton être«; deutsch: »Denke und handle getreu den klaren Quellen deines Wesens« und holländisch. Seit der Einweihung des Weges der Erinnerung 2006 ist der Satz in elf Sprachen angebracht worden, damit Besucher und Besucherinnen aller Nationalitäten, die mit Haïdi Hautval in den KZs waren (aus Polen, Griechenland, Tschechoslowakei, Russland usw.), diesen Satz in ihrer Sprache lesen können.
Das Gespräch mit Gérard Hazemann führte Hermann Unterhinninghofen am 11. Juni 2008 in Le Hohwald.

Aktivitäten zum Gedenken an Adélaïde Hautval

In den letzten Jahren gab es zahlreiche Initiativen zum Gedenken an Adélaïde Hautval. So wurden Schulen in Guebwiller (2019), in Ferrette (2021) sowie Plätze (Sélestat), Krankenhäuser (in Villiers-le-Bel im Val d'Oise nahe Hautvals Todesort Groslay, 2015), Straßen (Bourges, Blaye/Gironde) nach Hautval umbenannt. Es entstanden Ausstellungen, Konferenzen (u.a. mit Prof. Georges Hauptmann), Dokumentarfilme und Veröffentlichungen.[1]

Bereits in den 1990er-Jahren hatten erste Aktivitäten zum Gedenken an Adélaïde Hautval jenseits und diesseits des Rheins stattgefunden.

Mitte Mai 1998 fand das Kolloquium »Haïdi Hautval – Die Menschenrechte früher und heute« statt, vorbereitet von den Schülerinnen und Schülern des Lycée in Barr mit ihrer Lehrerin.[2]

Mitte Oktober 1998 fand ein »Marsch gegen das Vergessen – Für Solidarität und Menschenwürde« statt, der als deutsch-französischer Beitrag zum 50. Jahrestag der Erklärung der Menschenrechte durch die UNO und zum 10. Todestag von Dr. Haïdi Hautval vom KZ Struthof zu deren Geburtsort Le Hohwald führte. Das Internationale Ravensbrück-Komitee hatte dazu ebenso aufgerufen wie der Studienkreis Deutscher Widerstand (Frankfurt/M.) und zwei Schulklassen des Lycée in Barr, die sich auf dem Kolloquium im Mai mit dem Leben von Haïdi Hautval beschäftigt hatten.[3]

Am 10. Dezember 2005, zum Jahrestag der Allgemeinen Erklärung der Menschenrechte, gab es ein deutsch-französisches Seminar »Erinnerungsarbeit auf beiden Seiten des Rheins«, organisiert vom Internationalen Zentrum für die Einführung der Menschenrechte (CIDH) in Sélestat.[4]

Aus Anlass des 100. Geburtstages von Dr. Haïdi Hautval trafen sich Anfang Januar 2006 Antifaschisten aus Deutschland und Frankreich in ihrem Geburtsort Le Hohwald, zum Gedenken an die französische Widerstandskämpferin.

1 Documentaire, France Télévisions, 2021, 52 min, von Daniel Cling. Mit Unterstützung der Fondation pour la Mémoire de la Shoah; France culture, Une histoire particulière. »Adélaïde Hautval, l'amie des Juifs«, von Dominique Prusak und Anna Szmuc, 2017.

2 Gaby Rehnelt, Hans Adamo, Kolloquium über Haïdi Hautval. Gedenken an eine Gerechte. Aus: ravensbrückblätter Nr. 96, September 1998, S. 8.

3 Elsass-Marsch gegen das Vergessen. Mit Anise Postel-Vinay in Le Hohwald. Unter der Teilnahme der Naturfreunde Offenbach, AG sozialdemokratischer Frauen Gießen, VVN-Bund der Antifaschisten Ortenau, Freiburg, Darmstadt, Frankfurt, DGB Offenburg, Verein gegen das Vergessen Stuttgart. Aus: ravensbrückblätter Nr. 97, Dezember 1998, S. 8.

4 Seit Jahren fördert das CIDH die Erinnerung an das Leben und die Persönlichkeit von Haïdi Hautval.

Der damalige Bürgermeister Gérard Hazemann und Lucienne Schmitt, Gründerin des Zentrums für Menschenrechte in Sélestat, würdigten die Humanistin und Kämpferin für die Menschenrechte, deren Lebensweg und Vermächtnis.

Zur Initiierung eines »Weges der Erinnerung und der Menschenrechte« (2006) widmeten Schülerinnen und Schüler mit ihrer Lehrerin ein »Scholl-Hautval«-Gedicht den Widerstandskämpferinnen Adélaïde Hautval und Sophie Scholl.

2007 fand ein grenzübergreifendes Seminar des CIDH statt, organisiert mit der AFMD (Vereinigung für die Erinnerung an die Deportation), auf dem sich Verantwortliche aus verschiedenen Gedenkstätten in Belgien, Deutschland, Frankreich austauschten.

Weg der Erinnerung und der Menschenrechte / Chemin de la Mémoire et des Droits de l'Homme

Der »Weg der Erinnerung und der Menschenrechte« besteht seit 2006. Er verbindet im Elsass und in Baden 20 Gedenkorte an die NS-Zeit, darunter Kehl (D), Le Hohwald, Natzweiler-Struthof, Rastatt (D), Rosenwiller, Rothau, Schirmeck, Strasburg/Straßburg, Urbès. Einige Stätten sind durch einen Wanderweg verbunden, andere über die Straße erreichbar. Der Weg und die Stätten sind durch ein Logo gekennzeichnet, Tafeln erklären Geschichte und Bedeutung der Orte.

Der Weg wurde durch das Internationalen Zentrum für die Einführung der Menschenrechte (CIDH) in Sélestat gestaltet.

Zielsetzung des Wegs

• Die Barbarei und die unmenschlichen Behandlungen, die Deportationen und andere Verletzungen der Menschenrechte durch das Nazi-Regime in Europa und verbündete Regime vor und während des Zweiten Weltkriegs bekannt zu machen und präsent zu erhalten anhand symbolisch ausgewählter Stätten beiderseits des Rheins;

• diese Kenntnisse zu pädagogischen Zwecken zu verbreiten;

• den Weg als Kommunikationsmittel zur Förderung der Menschenrechte zu nutzen;

• die deutsch-französische Aussöhnung im Sinne der Menschenrechte zu verstärken;

• bei einem breiten Publikum das Interesse für die Ereignisse dieser Periode zu wecken, u. a. durch Dokumente der »Bibliothek der Erinnerung« des CIDH;

• pädagogische Partnerschaften mit Schulen, Lehrerseminaren, öffentlichen Einrichtungen, Historikerinnen und Historikern, Vereinen für Menschenrechte zu schaffen,

• kollektive und individuelle Mitgliedschaften im CIDH zu fördern.

Die Gedenkorte im einzelnen

- Schirmeck, Mémorial de l'Alsace-Moselle/Gedenkstätte Elsass-Mosel
- Schirmeck, Portal des Rathauses (Eingang zum ehemaligen SS-Sicherungslager Schirmeck)
- Rothau, Bahnhof: Ankunftsort der Häftlinge KZ Natzeiler-Struthof und SS-Lager Schirmeck
- Areal Natzweiler-Struthof: Konzentrationslager, Gaskammer, Europäisches Zentrum des deportierten Widerstandskämpfers, Steinbruch
- Höhe 1002 m
- Le Hohwald: Brunnen Adélaide »Haidi« Hautval
- Sainte-Marie aux Mines: Tunnel für die Rüstungsproduktion des NS-Regimes
- Sélestat: Internationales Zentrum für Menschenrechtserziehung (CIDH)
- Rosenwiller: jüdischer Friedhof
- Strasbourg : »Reichsuniversität«, anatomisches Institut von Prof. August Hirt; jüdischer Friedhof von Cronenbourg
- Strasbourg: Europabrücke/Square des Fusillés bzw. Jardin des deux rives: Gedenkstein für sechs erschossene junge elsässische Widerstandskämpfer bzw. 29 erschossene Mitglieder der Gruppe Alliance
- Urbès: Tunnel für die Rüstungsproduktion des NS-Regimes
- Kehl/Baden: Pfeiler der Euopabrücke: Gedenktafel für neun erschossene Alliance-Mitglieder;
- Kehl/Baden: Bahnhof: Gedenktafel an den Weg von Heinrich Mann und Sigmund Freud ins Exil
- Rastatt/Baden: Erinnerungsstätte für Freiheitsbewegungen in der deutschen Geschichte

Der gut ausgeschilderte Wanderweg führt von Schirmeck bzw. Rothau über das KZ Natzweiler-Struthof und die Höhe 1002 nach Le Howald.
Mehr Infos: https://cidh67.net

Kreatives um diesen Weg wird es auch weiter geben. Neulich wurde auf dem Gipfel des Weges (Höhe 1002 Meter) eine Gedenktafel aufgestellt, die den Besucher ermahnt: »Du, der hier wanderst, frei und ohne Furcht, … arbeite daran, dass nie wieder das Säuseln des Windes von der Klage der Unterdrückten erstickt wird.«

Die Schülerinnen und Schüler vom Lycée und Collège der Cité scolaire de la Haute Bruche in Schirmeck gestalteten ein kleines Faltblatt mit Karten, Texten, Gedicht …

»Wir wollen in die Fußstapfen dieser Unschuldigen treten, um zu wissen, zu verstehen, und auch um eine weniger ungereimte, weniger widerwärtige Welt zu bauen.«

Die Gedenktafel für Adélaïde Hautval in Yad Vashem

Unsichtbarer Faden, unzerstörbarer Faden

Die eine: Französin, die andere, Deutsche,
Die eine ganz jung, weniger, die andere
Sie haben Nein gesagt.
Die eine, große Wissenschaftlerin,
die andere kaum Studentin,
Die eine, weise, ungestüm die andere
Sie kannten sich nicht, doch beide,
Weise, die eine, Kritikerin, die andere
Sophie, Deutsche, Haïdi, Französin,
HAUTVAL hier, SCHOLL dort
Nein, haben sie gesagt
Auf beiden Seiten der Grenze,
Und der Rhein weinend in der Mitte.
Mit dem Geist, mit dem Herzen
haben sie Nein gesagt.
Mit ihren Worten, mit ihrem Körper
über alle Grenzen hinweg
sagten sie Nein
Penelopen der Freiheit
Die die schändlichen Gewebe zerreißen
und zusammen ein Gewebe des Lichtes weben
mit dem unsichtbaren und unzerstörbaren Faden
der Freiheit.

Fil invisible, fil indestructible

L'une française et l'autre allemande,
l'une toute jeune et l'autre moins,
Elles ont dit non
l'une grande savante,
l'autre frêle débutante,
l'une sage, l'autre fougueuse,
sans se connaître, toutes deux,
Elles ont dit non
l'une sage, l'autre frondeuse,
Sophie Allemande, Haïdi Française,
Hautval ici, Scholl là-bas
Elles ont dit non
de chaque côté de la frontière,
et le Rhin pleurant au milieu
Avec l'esprit, avec le coeur,
Elles ont dit non
Avec leurs mots, avec leur corps,
par delà toutes les frontières,
Elles ont dit non !
Pénélopes de la liberté,
qui déchirent les toiles ignobles
et tissent ensemble une toile de lumière
avec le fil invisible et indestructible
de la liberté…

Das Gedicht entstand unter Leitung von Christine Da Rui, Dokumentalistin.
Freie Übersetzung durch Lucienne Schmitt

Anhang

Biographische Angaben zu erwähnten Personen

Christian Bernadac (1937–2003), (u. a. Fernseh-)Journalist und Autor von literarischen Texten und historischen Essays. Als Kind nach Mauthausen deportiert. Ein großer Teil seines Werkes (insg. 12 Bücher) ist den Deportationen gewidmet – u. a. Les mannequins nus – Auschwitz (1972).

Dr. Rudolf Brandt (1909–1948), persönlicher Referent Himmlers, beteiligt an der Ermordung von mindestens 86 Juden für die Skelettsammlung von Professor Hirt; er wird im Nürnberger Ärzteprozess verurteilt und am 2.6.1948 hingerichtet.

Aat Breur (1913–2002), niederländische Malerin und Widerstandskämpferin, wurde 1942 inhaftiert und gefoltert, 1943 als »Nacht- und Nebel-Gefangene« nach Ravensbrück deportiert. Dort zeichnete sie ihre Kameradinnen und Szenen aus dem Lageralltag. Nach der Befreiung weiterhin künstlerisch tätig. Ihre Tochter Dunya Breur schrieb: »Ich lebe, weil du dich erinnerst – Frauen und Kinder in Ravensbrück« – mit einem umfangreichen Kapitel über Dr. Hautval (Verlag Nicolai, Berlin 1997).

Danielle Casanova (1909 –1943), geborene Périni, Zahnärztin, Widerstandskämpferin; 1936 Gründerin (und Vorsitzende) der Union junger Französinnen, Leiterin der illegalen Zeitung *Die Stimme der Frauen,* Mitorganisatorin der Hausfrauendemonstrationen gegen Pétain und der Volksfrauenkomitees gegen Faschismus und Krieg. 1942 verhaftet, am 24.1.1943 nach Auschwitz deportiert (Häftlingsnummer 31655), wo sie an Typhus starb.

Marie-Jo Chombart de Lauwe (1923), geborene Yvette Wilborts, mit 17 Jahren in der Résistance, 1942 nach Ravensbrück deportiert. Nach der Befreiung Studium der Ethnologie und Psychologie, Arbeit als Wissenschaftlerin im CNRS-Forschungszentrum. 1996 bis 2018 Vorsitzende, danach Ehrenvorsitzende der Stiftung Erinnerung an die Deportation und im Vorstand der Föderation der Deportierten, Internierten, Résistants und Patrioten (FNDIRP) sowie Kopräsidentin der Amicale de Ravensbrück. Bücher über Kinder, Rassismus und Rechtsextremismus. Autobiografie: Toute une vie de résistance, Editions Graphein FNDIRP, Paris 1998.

Prof. Dr. Carl Clauberg (1898–1957), anerkannter Gynäkologe, ab 1941 Menschenversuche in Auschwitz und Birkenau; 1945 in der Sowjetunion wegen Kriegsverbrechen verurteilt, kehrt 1955 als nicht amnestierter Kriegsverbrecher nach Deutschland zurück; wird auf Druck des Auschwitz-Komitees im November verhaftet und angeklagt (Zeugenaussage u. a. von A. Hautval), stirbt in der Untersuchungshaft in Kiel.

Dr. Dr. Johann Paul Cremer (1883–1965), 1936 a.o. Professor in Münster, 1942 SS-Arzt in Auschwitz; in Polen zum Tode verurteilt, begnadigt; nach der Rückkehr wieder Professor in Münster, 1960 zu zehn Jahren Gefängnis verurteilt, die er nicht abzusitzen brauchte.

Władysław Dering (1903–1965), polnischer Arzt, wegen Widerstandstätigkeit nach Auschwitz deportiert (Hätflings-Nr. 1723), dort Pfleger und Häftlingsarzt; ab 1943 führte er für die sogenannten medizinischen Experimente der SS-Ärzte Clauberg und Schumann zahlreiche Operationen an Gefangenen durch. Er wurde 1944 aus dem KZ entlassen, floh 1945 aus Polen, wo er wegen Kriegsverbrechen gesucht wurde, zunächst nach Afrika, dann nach England. Als seine Mithilfe bei den Sterilisationsversuchen in Leon Uris' Buch »Exodus« erwähnt wurde, verklagte er den Autor wegen Verleumdung. Das Verfahren endete 1964 mit der moralischen Verurteilung Derings (vgl. den Bericht von Anne Fernier). Kurze Zeit nach dem Prozess starb Dering.

Geneviève de Gaulle Anthonioz (1920–2002). Die Nichte von General de Gaulle trat im Juni 1940 der Résistance bei, half bei der Organisation des Nachrichtendienstes; 1943 verhaftet, im Februar 1944 in das KZ Ravensbrück deportiert bis April 1945 (Buch: Traversée de la nuit, deutsch: Durch die Nacht, 1999). Nach der Befreiung Präsidentin der ADIR, der nationalen Organisation der deportierten und internierten Mitglieder der Résistance. 1987 Zeugin im Prozess gegen Klaus Barbie. Von 1964 bis 2001 Präsidentin der Organisation ATD Vierte Welt. Großkreuz der Ehrenlegion, Kriegskreuz 1939–1945, Medaille der Resistance und Preis der Menschenrechte 1994.

Charlotte Delbo (1913–1985), Widerstandskämpferin in der Gruppe um den Philosophen Georges Politzer; 1943 nach Auschwitz, später nach Ravensbrück deportiert (Buch: Le convoi du 24 janvier). Hauptwerk: Trilogie: Auschwitz und danach, Fischer Taschenbuch 1993. In den 1960er-Jahren Arbeit für die Vereinten Nationen und den Philosophen Lefebvre; Engagement gegen den Kolonialkrieg in Algerien.

Anne Fernier (1911–2006), Journalistin; im November 1943 wegen Widerstandstätigkeit verhaftet und im Januar 1944 ins KZ Ravensbrück deportiert, bis Mai 1945 im Nebenlager Holleischen; Autorin des Berichts über den Dering-Prozess.

Prof. Eugen Fischer (1874–1967), in der NS-Zeit einflussreicher »Rassenforscher«, wurde in den Jahren 1942 bis1943 zu Konferenzen in Paris eingeladen. Das Handbuch der Eugenik und menschlichen Vererbung von Verschuer wurde von Dr. Georges Montandon ins Französische übersetzt und bei Masson & Cie, Verlag der Medizinischen Akademie 1943 veröffentlicht (Manuel d'eugénique et d'hérédité humaine).

Prof. Dr. Karl Gebhardt (1897–1948), Oberster Kliniker beim Reichsarzt-SS; beteiligt an Menschenversuchen in Ravensbrück, im Nürnberger Ärzteprozess zum Tode verurteilt und am 2.6.1948 hingerichtet.

Dr. Johannes Goebel (1891–1952), Pharmakologe; Clauberg holte ihn von den Schering-Werken nach Auschwitz, wo er bei Sterilisationen assistierte. Prof. Dr. Ernst Robert von Grawitz (1899–1945), SS-Reichsarzt und Präsident des Deutschen Roten Kreuzes, Selbstmord 1945.

Gérard Hazemann (1930–2013), Kaufmann; von Dezember 1977 bis März 2008 Bürgermeister von Le Hohwald; er brachte viele Gedenkinitiativen für A. Hautval und im elsässisch-badischen Raum mit auf den Weg.

Josef Klehr (1904–1988), ab 1941 Sanitäter in Auschwitz; nahm Tötungen, z. B. durch Phenolspritzen vor; wurde im Frankfurter Auschwitz-Prozess zu lebenslänglicher Haft verurteilt.

Dr. Hans-Wilhelm König (1912–1991), SS-Obersturmführer und Lagerarzt in Auschwitz, nach dem Krieg unter falschem Namen praktischer Arzt in Niedersachsen.

Dr. Irka/Irena Konieczna (1905–1993), polnische Ärztin, die in die KZs Auschwitz und Ravensbrück deportiert wurde, im Revier zusammen mit Dr. Haïdi Hautval.

Hermann Langbein (1912–1995), ehemaliger Spanienkämpfer, Häftling in Dachau, ab 1942 in Auschwitz (dort Häftlingsschreiber von Dr. Wirths), 1944 nach Neuengamme »verlegt«. Nach der Befreiung Generalsekretär des Internationalen Auschwitz-Komitees und des Comité International des Camps.

Geneviève Leider (1914–2004), französische Widerstandskämpferin, Lehrerin, Kommunistin. 1941 verhaftet und gefoltert, 1944 nach Ravensbrück deportiert; blieb dort nach der Befreiung, um zu helfen. 1951 folgt sie ihrem Mann nach Polen, einem Résistance-Kämpfer, der ausgewiesen wurde; dort Engagement gegen Stalinismus und Antisemitismus; kam 1993 nach dem Tod ihres Mannes nach Frankreich zurück, wo sie sich weiterhin engagierte.

Dr. Ella Lingens-Reiner (1908–2002) wurde deportiert, weil sie Juden zur Flucht in die Schweiz helfen wollte; Häftlingsärztin in Auschwitz; siehe ihr Buch: Eine Frau im Konzentrationslager, Europa-Verlag, Wien 1966

Dorota Lorska-Kleinowa (1913–1965), geborene Goldscheider, Medizinstudium in Prag, arbeitete als Ärztin in den Internationalen Brigaden, ab 1938 in Frankreich, aktiv in der Résistance, 1943 von der Gestapo verhaftet und im August nach Auschwitz deportiert (Häftlings-Nr. 52325), später in Ravensbrück und Neustadt-Glewe. Nach dem Krieg in der Tschechoslowakei, war im Zuge der Slansky-Affäre in Haft, nach ihrer Rehabilitierung ging sie 1956 zurück nach Polen, arbeitete als Ärztin in einer Warschauer Klinik, 1964 Aussage im Londoner Dering-Prozess; Autorin eines Berichts über den Block 10 in Auschwitz; vgl. Arno Lustiger, Schalom Libertad!, 1989, S. 298 ff.

Erna Lugebiel (1898–1984), Schneiderin und Direktrice in der Berliner Mode- und Bekleidungsbranche, in einer Firma, deren Besitzer Juden sind; ihre Wohnung wird Zuflucht für viele; 1940 als Telefonistin bei der Wehrmacht dienstverpflichtet; Widerstandsarbeit in der Gruppe Kampfbund, 1943 Verhaftung, Untersuchungshaft, 1944 Prozess und Freispruch; anschließend in verschiedenen (auch Gestapo-)Gefängnissen, im November nach Ravensbrück deportiert; nach der Befreiung weiterhin politisch engagiert.

Dr. Dr. Josef Mengele (1911–1978), 1937 Assistent von Prof. von Verschuer in Frankfurt/M.; im Mai 1943 KZ-Arzt in Auschwitz; experimentierte und tötete – vor allem jüdischen sowie Sinti-und Roma-Zwillinge; nach dem Krieg setzte er sich nach Argentinien ab, wo er vermutlich 1978 starb.

Dr. Antonina Nikiforowa (1907 –2001), sowjetische Ärztin und Widerstandskämpferin. Nach dem deutschen Überfall 1941 auf die Sowjetunion arbeitet sie in der Roten Armee und gerät in Kriegsgefangenschaft; sie weigert sich, die Uniform abzulegen, wird nach Majdanek und Ravensbrück deportiert, dort gelingt es ihr, einige Frauen zu retten; sie bleibt bis November 1945, versorgt ehemalige Häftlinge und baut ein Krankenhaus mit auf. In ihrer Heimat veröffentlicht sie zwei Bücher über Ravensbrück.

Georgia Peet-Taneva (1923–2012), 1924 Emigration der Familie, ab 1929 in Warschau; Verhaftung 1941, Zwangsarbeit, Kontakt zu Widerstandsgruppen, erneute Verhaftung, Flucht nach Sofia; 1941 nach Auschwitz, 1942 nach Ravensbrück deportiert, dort im Revier und bei Siemens; 1945 wegen Typhus ins Revier eingewiesen, wo sie Haïdi Hautval kennenlernt; im April 1945 auf den Todesmarsch getrieben; nach Befreiung als Dolmetscherin und Theaterreferentin in Berlin tätig.

Marie Politzer (1905–1943), geborene Fourcade, auch unter dem Namen Maï Politzer bekannt, Résistance-Kämpferin, Hebamme, Ehefrau des Philosophen Georges Politzer (der gefoltert und von den Nazis erschossen wurde). Nach ihrer Inhaftierung 1942 wurde sie nach Auschwitz deportiert (Nr. 31680), arbeitete im Krankenrevier und starb an Typhus.

Anise Postel-Vinay (1922–2020), geborene Girard, engagierte sich in dem Netzwerk SMH Gloria. Sie wurde 1942 verhaftet und 1943 nach Ravensbrück deportiert, nach der Befreiung zeitweise Generalsekretärin der Association des femmes internées et déportées de Ravensbrück (ADIR). Autorin von »Die Massentötungen durch Gas in Ravensbrück«, (in: Germaine Tillion: Frauenkonzentrationslager Ravensbrück, 2001) und Übersetzerin zahlreicher Bücher über die Nazizeit.

Vladimir Pozner (1905–1992), stammt aus einer jüdischen russischen Emigrantenfamilie. Schriftsteller, Journalist und Übersetzer, reiste in den 1930er- und 1940er-Jahren in die USA, setzte sich gegen den Kolonialismus und den Krieg in Algerien ein; Autor von: Abstieg in die Hölle – Zeugnisse über Auschwitz, 1982.

Dr. Werner Rohde, Lagerarzt in Auschwitz, ab 1944 in Natzweiler-Struthof; im Oktober 1946 hingerichtet.

Alma Rosé (1906–1944), österreichische Violinistin jüdischer Abstammung (ihr Onkel war der Komponist Gustav Mahler, ihre Patentante Alma Mahler-Werfel); 1932 gründete sie das Damenorchester »Die Wiener Walzermädeln«; 1938 gelang ihr und ihren Angehörigen die Flucht nach London; 1942 wurde sie in den besetzten Niederlanden verhaftet und 1943 nach Auschwitz deportiert. Dort gründete sie 1943 das sogenannte Mädchenorchester von Auschwitz, das sie bis zu ihrem Tod 1944 leitete und das vielen Menschen im Lager das Überleben sicherte. Sie starb an den Folgen einer Vergiftung.

Dr. Maximilian Samuel (1880–1944), Gynäkologie-Professor in Köln, Häftlingsarzt, 1944 als »Mitwisser« getötet.

Lucienne Schmitt (1930–2024), geborene Ehrhardt. Nach dem Krieg zunächst Lehrerin an einer Vorschule und Grundschule, daneben Philosophie-Studium, danach Philosophie-Professorin an der Ecole Normale von Sélestat; Weiterbildung im Internationalen Institut von Straßburg und im Europäischen Institut in Florenz. Gründerin und 21 Jahre lang Leiterin des Internationalen Zentrums für die Einführung der Menschenrechte in Sélestat; Gustav-Heinemann-Preisträgerin sowie Prix Europe de l'Académie des Marches de l'Est.

Dr. Horst Schumann (1906–1983), Organisator von Euthanasie-Aktionen in den Tötungsanstalten Grafeneck und Sonnenstein; ab 1941 Lagerarzt in Auschwitz und Ravensbrück; nach dem Krieg lebt er zunächst unerkannt in Deutschland, setzt sich in den Sudan und nach Ghana ab, wird 1966 ausgeliefert und in Frankfurt wegen seiner Tätigkeit als Euthanasie-Arzt angeklagt, aufgrund eines ärztlichen Attests aus der Untersuchungshaft entlassen.

Eric Silver (1935–2008) war Korrespondent des Londoner *Guardian* in Israel und Indien, lebt in Jerusalem und arbeitet als freier Journalist für englische und israelische Zeitungen; Autor u. a. von »Sie waren stille Helden«, eines Buchs über die Gerechten unter den Völkern.

Pani Socza oder Zofia Falowska, nach Ravensbrück deportierte polnische Krankenschwester, die nach der Befreiung bis Juni 1945 im KZ blieb, um den Kranken zu helfen.

Germaine Tillion (1907–2008), Ethnologin (von 1934 bis 1940 Forschung in Algerien), danach in der Résistance, Kommandantin der Groupe du Musée de l'Homme, einer Gruppe, die sich die Beschaffung von Informationen sowie die Befreiung von Gefangenen zum Ziel gesetzt hat; 1942 verhaftet, 1943 nach Ravensbrück deportiert; nach der Befreiung Forschung über den Zweiten Weltkrieg und Aufklärung von deutschen Kriegsverbrechen (Buch: Frauenkonzentrationslager Ravensbrück 1946, dt. 2001); Engagement gegen den Algerien-Krieg, gegen Folter und Krieg im Irak, für die Emanzipation der Frauen im Mittelmeerraum.

Catherine Trautmann (1951), nach einem Studium der Religionswissenschaften und der koptischen Sprache und Literatur, Abschluss in evangelischer Theologie (Magister); tritt 1977 der Sozialistischen Partei bei, deren Vorstand sie angehört; Abgeordnete des Departements Bas-Rhin, Bürgermeisterin von Straßburg (1989 bis 2001), Europa-Abgeordnete (seit 1989), Ministerin für Kultur und Kommunikation von 1997 bis 2000; Ritterin der Ehrenlegion.

Dr. Percy Treite (1911–1947), KZ-Arzt in Ravensbrück, verantwortlich für Selektionen und Menschenversuche, nimmt sich am 9.4.1947 (vor seiner Hinrichtung) das Leben.

Dr. Richard Trommer (Jg. 1910, 1950 für tot erklärt), Arzt in den KZs Flossenbürg, Neuengamme und Ravensbrück, verschwunden seit 1945.

Marie-Claude Vaillant-Couturier (1912–1996), geborene Vogel, Widerstandskämpferin, Photoreporterin; ab 1934 engagiert in der Kommunistischen Jugendbewegung, 1936 in der Union junger Französinnen; Ehefrau des Chefredakteurs der Zeitung *L'Humanité;* berichtete dort über die KZs Oranienburg und Dachau; Verbindungsagentin zwischen der KPF und verschiedenen Gruppen der Résistance; 1942 verhaftet, 1943 nach Auschwitz, später nach Ravensbrück deportiert; kümmerte sich mit Haïdi Hautval von Ende April bis Ende Juni 1945 um die Kranken; nach der Befreiung erste Vorsitzende der Deportiertenorganisation FNDIRP, Zeugin bei den Nürnberger Prozessen.

Vercors (1902–1991) eigentlich Jean Bruller, französischer Schriftsteller und Buchillustrator, in der antifaschistischen Widerstandsbewegung engagiert; wurde berühmt durch die während der Besetzung illegal publizierte Erzählung Le silence de la mer (Das Schweigen des Meeres); nach dem Krieg zeitweise Präsident des Nationalen Schriftstellerkomitees (CNE) und Mitglied im Weltfriedensrat.

Prof. Dr. Otmar Freiherr von Verschuer (1896–1969), 1935 Direktor des neuen Instituts für Erbbiologie an der Universität Frankfurt/ M.; empfahl seinen Assistenten Mengele nach Auschwitz; 1951 Professor für Genetik in Münster.

Orli Wald-Reichert (1914–1962), geborene Aurelia Torgau, Widerstandskämpferin, NS-Verfolgte, unter ihrem damaligen Namen Orli Reichert; 1936 inhaftiert, danach in Auschwitz und Ravensbrück, Lagerälteste des Krankenreviers, wird »Engel von Auschwitz« genannt, dort hilft und rettet sie Häftlinge unter Lebensgefahr. Nach der Befreiung lebt sie in Hannover, heiratet den Widerstandskämpfer Eduard Wald. Seit 2007 gibt es eine Orli-Wald-Allee in Hannover.

Dr. Bruno Weber (1915–1956), Leiter des SS-Hygiene-Instituts in Rajsko bei Auschwitz; 1956 gestorben.

Enna Weiß, sie stammte aus der Slowakei. Nach Auschwitz deportiert, zeitweise leitende Ärztin im Häftlingskrankenbau.

Dr. Adolf Winkelmann (1887–1947), Arzt in den KZs Auschwitz, Sachsenhausen und Ravensbrück; Selbstmord 1947.

Dr. Eduard Wirths (1909–1945), SS-Arzt in Dachau und Neuengamme; ab 1942 Standortarzt (Chefarzt) in Auschwitz; beging im September 1945 Selbstmord.

Bibliographie

- François Bayle: Croix gammée contre Caducée. Les expériences humaines en Allemagne pendant la 2ème guerre mondiale. Neustadt 1950
- Klaus Dörner: Der Krieg gegen die psychisch Kranken, Rehberg-Loccum 1980
- Judith Hahn, Silvija Kavcic, Christoph Kopke (Hrsg.): Medizin im Nationalsozialismus und das System der Konzentrationslager. Beiträge eines interdisziplinären Symposiums, Frankfurt am Main 2005
- Hamburger Institut für Sozialforschung (Hrsg.): Die Auschwitz-Hefte. Texte der polnischen Zeitschrift »Przeglad Lekarski« über historische, psychische und medizinische Aspekte des Lebens und Sterbens in Auschwitz, 2. Aufl., Hamburg 1994
- Ernst Klee: »Euthanasie« im SS-Staat. Die »Vernichtung lebensunwerten Lebens«, Frankfurt am Main 1983; ders.: Auschwitz. Die NS-Medizin und ihre Opfer, Frankfurt am Main 1997; ders.: Ernst Klee, Was sie taten, was sie wurden, Frankfurt am Main 1990
- Robert Jay Lifton: Ärzte im Dritten Reich, Stuttgart 1988
- Alexander Mitscherlich, Fred Mielke: Medizin ohne Menschlichkeit. Dokumente des Ärzteprozesses in Nürnberg, veröffentlicht von der Ärztekammer Westdeutschlands 1948, Frankfurt am Main 1960
- Benno Müller-Hill: Tödliche Wissenschaft. Die Aussonderung von Juden, Zigeunern und Geisteskranken, Reinbek 1984
- Miklós Nyiszli: Im Jenseits der Menschlichkeit. Ein Gerichtsmediziner in Auschwitz, Berlin 2024
- Vladimir Pozner: Abstieg in die Hölle – Zeugnisse über Auschwitz, Berlin 1982
- Schriften des deutschen Hygiene-Museums Dresden: Tödliche Medizin im Nationalsozialismus, Köln 2008

Von Adélaïde Hautval

- Les Apôtres de notre temps, Editions Défense de la France, 1946, S .200–204
- Auschwitz, Les témoins qui se firent égorger, Editions Défense de la France, 1946, S. 159 bis 162

Texte zu Adélaïde Hautval

- Adélaïde Hautval, Patrick Cabanel: Rester humain! Leçons d'Auschwitz et de Ravensbrück, Editions Ampelos 2018
- Amicale de Ravensbrück, Association des déportées et internées de la Résistance (ADIR) (Hrsg.), Französinnen in Ravensbrück. Zeugnisse deportierter Frauen, Reihe Forschungsbeiträge und Materialien der Stiftung Brandenburgische Gedenkstätten, Band 27, Berlin 2020.
- Christian Bernadac: Les Mannequins nus. Auschwitz, Paris 1972
- Dunya Breur: Ich lebe, weil du dich erinnerst – Frauen und Kinder in Ravensbrück, Berlin 1997

- Charlotte Delbo: Le convoi du 24 janvier, Paris 1995
- Ania Francos: Il était des femmes dans la résistance, Paris 1978
- Israel Gutmann, Eberhard Jäckel, Peter Longerich, Julius H. Schoeps (Hrsg.): Enzyklopädie des Holocaust. Die Verfolgung und Ermordung der europäischen Juden Enzyklopädie des Holocaust, Stichwort »Hautval«, Berlin 1993
- Georges Hauptmann, Maryvonne Braunschweig: Docteur Adélaïde Hautval dite »Haïdi«, 1906–1988. Des camps du Loiret à Auschwitz et à Ravensbrück. Cercle d'étude de la Déportation et de la Shoah – Amicale d'Auschwitz. En partenariat avec l'université de Strasbourg – Faculté de Médecine. Petit Cahier 2e Série N° 25, Décembre 2016
- Florence Hervé: Wir fühlten uns frei. Deutsche und französische Frauen im Widerstand, Essen 1997; dies.: Elsass. Frauengeschichten, Frauengesichter. Illustriert von Martin Graf, Berlin 2003; dies.: Zur Erinnerung an Adélaïde Hautval (1906–1988). Die französische Ärztin widersetzte sich den Befehlen der SS im KZ, in: femina politica 1/2006, S. 107–110; dies. (Hrsg.): Mit Mut und List. Europäische Frauen im Widerstand gegen Faschismus und Krieg, 3.Aufl., Köln, 2023; dies., Martin Graf (Fotograf): Natzweiler-Struthof. Ein deutsches KZ in Frankreich – Un camp nazi en France, 2. Aufl., Köln 2017
- Ernst Klee: Auschwitz. Die NS-Medizin und ihre Opfer. Frankfurt am Main 1997
- Denis Labayle: Adélaïde Hautval: La psychiatre qui a tenu tête aux médecins nazis, Paris 2024
- Hans-Joachim Lang: Die Frauen von Block 10. Medizinische Versuche in Auschwitz, Hamburg 2011
- Hermann Langbein: Menschen in Auschwitz. Wien 1995
- Lucien Lazare: Le livre des justes. Histoire du sauvetage des juifs par des non juifs en France, 1940–1944, Paris 1993
- Vladimir Pozner: Abstieg in die Hölle, Berlin 1982
- Jana Katharina Prokop: Pionierinnen der Psychiatrie in Frankreich und Deutschland (1885–1945). Sechs ausgewählte Fallstudien, Heidelberg 2022
- Gerlinde Schwöbel. Nur die Hoffnung hielt mich. Frauen berichten aus dem KZ Ravensbrück, Frankfurt am Main 2002
- Eric Silver: Sie waren stille Helden. Frauen und Männer, die Juden vor den Nazis retteten, München 1994
- Felicitas Söhner: Haas-Hautval, Marthe Adélaïde, in: Biographisches Archiv der Psychiatrie, www.biapsy.de/index.php/de/9-biographien-a-z/267-haas-hautval-marthe-adelaide
- Gerda Szepansky: Frauen leisten Widerstand 1933-1945. Frankfurt am Main 1991
- Germaine Tillion: Frauenkonzentrationslager Ravensbrück, Aus d. Franz. von Barbara Glaßmann, Lüneburg 1998
- Christl Wickert, Ramona Saavedra Santis (Hrsg.): »… unmöglich, diesen Schrecken aufzuhalten«. Die medizinische Versorgung durch Häftlinge im Frauen-KZ Ravensbrück. Beiträge zu einer Ausstellung, Forschungsbeiträge und Materialien der Stiftung Brandenburgische Gedenkstätten, Berlin 2017

Herausgeberin und Herausgeber

Florence Hervé, Dr. phil, Autorin und Dozentin; viele Publikationen, darunter zum Frauenwiderstand, zuletzt: »Ihr wisst nicht, wo mein Mut endet.« Europäische Frauen im Widerstand gegen Faschismus und Krieg, Köln 2024

Hermann Unterhinninghofen, Gewerkschafter, Beiträge zur Website www.gedenkorte-europa.eu, ehrenamtlich aktiv beim Studienkreis Deutscher Widerstand 1933–1945